Holger Wetzel

FRED & OTTO
unterwegs an der Nordsee
Wanderführer für Hunde

Inhalt

Vorwort	8
Wandern mit Hund	10

Schleswig-Holsteinische Nordseeküste

Tour 01: Viel Wind und wenig los	21
Tour 02: Hinter Rosenkranz über die Grenze	27
Tour 03: Frischer Wind am Hindenburgdamm	33
Tour 04: Am nördlichsten Hundestrand Deutschlands	39
Tour 05: Kuuge än Schäipenhääge	43
Tour 06: Rund um den Stollberg	49
Tour 07: Buddeln an Europas größtem Sandstrand	55
Tour 08: Ein Strandkorb für Hunde	59
Tour 09: Hundeferien in der friesischen Karibik	65
Tour 10: James Bond in Nordfriesland	71
Tour 11: Die grüne, graue Stadt am Meer	75
Tour 12: Kurz vor Pellworm ab in den Westen	79
Tour 13: Zu Gast bei den Pharisäern	83
Tour 14: Schwabstedt und das Wilde Moor	89
Tour 15: Über Stockenstieg und Stein	95
Tour 16: Durch den Schlosspark ohne Schloss	101
Tour 17: Ab ins Meer!	107
Tour 18: Quer durchs Katinger Watt	111
Tour 19: Einsames Dithmarschen	115
Tour 20: Wo die Kirche noch im Dorf steht	119
Tour 21: Torfbacken im Süderholmer Moor	125
Tour 22: Großer Kreis ums Wöhrdener Loch	129
Tour 23: Schlickrutschen an der Elbmündung	133
Tour 24: Industrieromantik und Elbdeichpanorama	137
Tour 25: Fährmann, hol över	143
Tour 26: Wilde Böcke, große Frachter	149
Tour 27: Gepflegtes Fernweh	153
Tour 28: Am Störsperrwerk in Wewelsfleth	157
Tour 29: Der Hundestrand in Kollmar an der Elbe	161

Niedersächsische Nordseeküste

Tour 30: Wo die Elbe in die Nordsee fließt	167
Tour 31: Ein Fest für Spürnasen	171
Tour 32: Zwischen Oste und Belumer Schleusenfleth	175
Tour 33: Am Hadelner Kanal	181
Tour 34: Im Naturschutzgebiet Küstenheide	185
Tour 35: Hinterm Deich geht's weiter	191
Tour 36: Die Zwei-Seen-Tour	197
Tour 37: Industrieromantik und Weserpanorama	201
Tour 38: Rund ums Eckwarder Sieltief	205
Tour 39: Und läuft und läuft und läuft...	209
Tour 40: Der Blanke Hans	215
Tour 41: Hundestrand und Kuhgeklacker	219
Tour 42: Über den Jadebusen nach Wilhelmshaven blicken	225
Tour 43: Hundedusche mit Panoramablick	229
Tour 44: Im Wittmunder Wald	235
Tour 45: Neßmersiel: Agility am Strand	241
Tour 46: Im Wald und auf der Heide	245
Tour 47: Querfeldein über Stock und Stein	249
Tour 48: Laufen am Leyhörner Sieltief	255
Tour 49: Nichts los am Knockster Tief	259
Tour 50: Am Ems-Seitenkanal entlang	263
Tour 51: Über das Wymeerer Sieltief nach Holland	267

❤ Handgefertigte Halsbänder und Leinen ❤

UMWELTFREUNDLICH · HOCHWERTIG · 100% HANDARBEIT

Wir verwenden **weiche und robuste Naturfasern, die leicht, strapazierfähig und pflegeleicht** sind. Sie **passen sich dem Hundehals** bei jeder Bewegung **optimal an**.

Die Materialien sind **fellschonend** und **hautfreundlich**. Die Produkte sind **maschinenwaschbar**.

Bei der Herstellung unserer Produkte verwenden wir vorrangig **Naturstoffe, Bio-Stoffe und Oeko-Tex zertifizierte Materialien**. Auf die Verarbeitung tierischer Textilien verzichten wir ganz bewusst. Bei unseren Beschlägen verwenden wir stets **rostfreien Edelstahl**.

Alle Produkte werden von uns selbst entworfen und hergestellt.

Auf Wunsch fertigen wir dir dein **individuelles Set**.

www.myluni.com

Vorwort

Ab an die Nordsee!
Weite Strände, klares Wasser, Ebbe und Flut, salzhaltige Luft...

Für Hundewanderungen bietet sich die Nordsee zwischen Dänemark und Holland mit ihrer gezeitengeprägten Küste ideal an. Natürlich konnten nicht alle schönen Wanderungen der Region in diesem Buch Platz finden. Die ausgewählten Touren bilden einen Querschnitt der unterschiedlichen Schwierigkeitsgrade, von kurzen und langen Routen, breiten Flachlandwegen und abenteuerlicheren Pfaden. Schleswig-Holstein und Niedersachsen bestechen durch eine Vielfalt der verschiedensten Wanderregionen. So findet in diesem Wanderführer hoffentlich jedes Mensch-Hund-Gespann zahlreiche Anregungen für neue Ziele. Und ganz nebenbei: Die Lektüre enthält mit Sicherheit auch für Nichthundebesitzer interessante Routen und Informationen. Hintergrundinfos, Insidertipps und Wegecharakteristik gelten schließlich für alle gleich.

Hilfreich für alle sind zudem die GPS-Daten sowie das Kartenmaterial. Nicht zu vergessen sind die Artikel über das Thema Ausrüstung, Sicherheit im Gelände und besondere Aspekte beim Wandern mit Hund zu Anfang des Buches. Denn bevor es auf längere Touren geht, sollte man sich gut vorbereiten. Schließlich trägt der Hundebesitzer die Verantwortung für sich und seinen Vierbeiner.

Ein besonderer Dank gilt Mike Meinert, der mir für die Wanderungen seinen Terrier Albert anvertraut hat. Vielen Dank an Primo PR und Thomas Cook, die mich mit Übernachtungen in sehr hundefreundlichen Hotels unterstützt haben. Danke auch an die freundlichen Gastronomen, Hoteliers und Mitarbeiterinnen in den Kurverwaltungen und Tourismusbüros: Sie alle haben mit kompetenten Anregungen und Wissen über diese unglaublich abwechslungsreiche Wanderlandschaft zum Gelingen des Buches beigetragen. Tatsächlich bietet die Nordseeküste eine enorme Vielfalt an Landschaften: dichte Wälder, weite Moore, malerische Heide, hohe Dünen, Nationalparks und Strände – aber vor allem: Wasser.

Ich wünsche abenteuerliche Wanderungen und müde, glückliche Hunde nach langen gemeinsamen Touren!

Holger Wetzel

Was zu beachten ist …

Wandern mit Hund

Wandern mit Hund: Ist das etwas anderes als der tägliche Spaziergang? Ja, auf jeden Fall! Die Touren sind länger und haben unterschiedliche Schwierigkeitsgrade. Abseits bekannter Spazierwege gelten oft andere Regeln. Zudem gibt es zusätzliche Aspekte für den Vierbeiner zu berücksichtigen. Schließlich trägt der Besitzer die Verantwortung für sich und seinen besten Freund. In diesem Kapitel sind alle wichtigen Informationen kurz und bündig zusammengefasst.

Daten und Fakten zum Wanderführer

Der Wanderführer richtet sich an Urlauber genauso wie „Einheimische", die neue Routen entlang der Nordsee entdecken möchten. Die meisten Touren sind Rundwanderungen, bei denen unterwegs eine hundefreundliche Einkehrmöglichkeit besteht. Auch wurde bei der Auswahl darauf geachtet, Touren in unterschiedlicher Länge, für verschiedene Jahreszeiten und mit unterschiedlichen Schwierigkeitsgraden vorzustellen: leicht und mittelschwer. Die Kategorie „schwer" haben wir nach einiger Zeit gestrichen: Auf- und Abstiege wie in den Alpen gibt es zwischen der Dänischen und der Holländischen Grenze nun nicht gerade. Natürlich entspricht diese Einstufung individuellem Empfinden. Wobei die Einteilung auf einen durchschnittlich geübten Wanderer mit seinem Hund abgestimmt ist. Leichte Wanderungen entsprechen breiten Wiesen- oder Wanderwegen ohne nennenswerte Anstiege. Mittelschwere Wanderungen sind anspruchsvoller. Hier können lange Wege, Steigungen, schmale Pfade und, übergroße Steine oder rutschige Wurzeln das Wandern erschweren. Gehzeiten entsprechen der allgemein üblichen Berechnung: Bei flachen Strecken wurden 5 km/h kalkuliert.

Die Touren in diesem Wanderführer sind geografisch geordnet. Die ersten 29 Touren verlaufen entlang der Schleswig-Holsteinischen Nordseeküste (Nord nach Süd). Die übrigen 22 Touren verlaufen entlang der Niedersächsischen Nordseeküste (von Ost nach West) und sind entsprechend in den Klappkarten eingezeichnet.
Detailbeschreibungen der Touren wurden nach bestem Wissen und Gewissen recherchiert. Natürlich kann es dabei möglich sein, dass Strecken sich ändern. Die Natur verändert sich, Wege wuchern zu oder werden anders gelegt, deshalb freuen wir uns auch jederzeit auf Ihr Feedback.

Ein besonderer Service dieses Buches ist das Adressverzeichnis. Am Ende einer jeden Tour werden neben den Touristeninformationen auch hundefreundliche Unterkünfte und Gaststätten sowie die Kontaktdaten von örtlichen Tierärzten aufgeführt.

Wandern mit komoot

In diesem Buch sind alle wichtigen Informationen – von der Anfahrt (inkl. GPS-Daten) über die genaue Tourenbeschreibung bis hin zu Verpflegungs- und Übernachtungsmöglichkeiten – enthalten. Zusätzlich können alle Wanderungen und Karten via App auf das Smartphone geladen werden. Dazu muss zunächst die kostenfreie App „komoot" im App Store oder im Play Store heruntergeladen und installiert werden. Nachdem ein ebenfalls kostenfreier Account angelegt ist, kann man „FRED & OTTO unterwegs an der Nordsee" bequem und einfach folgen. Dazu den Gutschein-Code (siehe vordere Klappe des Buches) im komoot-Menü eingetragen und los geht's.

Wandern – gut geplant macht doppelt Spaß

Jeder, der einen Vierbeiner hat, ist täglich draußen unterwegs. Doch anders als der Alltagsspaziergang benötigt eine Wanderung etwas Vorbereitung. Wichtig ist dabei nicht nur, die eigene Kondition, sondern auch die des Hundes richtig einzuschätzen. Entsprechend sollten dann Tourenlänge, Schwierigkeitsgrad und Pausen darauf abgestimmt werden. Lange Wanderungen sind für Hundewelpen und Junghunde – je nach Rasse von 12 Monaten bis zu 2 Jahren –, kranke sowie ältere Hunde nichts! Gleiches gilt für schwere und kurzbeinige Rassen oder untrainierte Hunde. Dementsprechend bitte Tourenlänge und Schwierigkeitsgrad lieber zu langsam als zu schnell steigern.

Wetter und Gewitter

Es schadet nichts, sich selbst ein wenig in das Thema Wetterkunde einzuarbeiten. Erster Anhaltspunkt ist die Himmelsfarbe. Hier gibt es eine einfache Bauernregeln, die sich jeder schnell merken kann: „Abendrot – Schönwetterbot. Morgenrot – Schlechtwetter droht." Ein aufschlussreiches Bild über die Wetterentwicklung gibt die Wolkenformation. Einzelne, weit auseinandergezogene Zirrus- oder Federwolken weisen auf schönes Wetter hin. Falls sich diese jedoch verdichten und der Luftdruck fällt, ist mit Niederschlag zu rechnen. Achtung bei den sogenannten Ambosswolken (Cumulonimbuswolken): Hier ist mit einem schweren Unwetter zu rechnen.

Trotz aller Vorsicht ist keiner davor gefeit, vom Gewitter überrascht zu werden. Wer zwischen Blitz und Donner nicht mehr langsam bis fünf zählen kann, sollte sich schleunigst in Sicherheit bringen. Ein Blitz schlägt

meist in die höchste Erhebung, zum Beispiel einen Baum, ein. Hier kann die Spannung auf den Menschen überspringen.
Zudem bergen herabfallende Äste ein großes Verletzungsrisiko. Dementsprechend gilt bei Gewitter der Spruch: „(Nicht nur) vor Eichen sollst du weichen."

Als Wanderer sollte man auf jeden Fall das freie Feld verlassen, um nicht selbst die höchste Erhebung zu sein. Wer keine Chance mehr hat, Schutz zu suchen, hockt sich mit nah zueinanderstehenden Füßen – wobei jeder einzelne Wanderer gebührend Abstand zum Nächsten halten muss – auf den Boden. So gibt man eine möglichst kleine Angriffsfläche ab. Alle leitenden Gegenstände, wie zum Beispiel Wanderstöcke, werden dabei möglichst weit weg von Mensch und Tier platziert.

Die richtige Ausrüstung für den Menschen

„Am besten ist, wenn sich der Wanderer nach dem Mehrschichtensystem anzieht", erklärt Petra Thaller, Chefredakteurin und Herausgeberin der Mountains4U, dem interaktiven Tablet-Magazin für Bergsport- und Outdoor. „Das heißt, er trägt aufeinander abgestimmte Bekleidungsschichten aus Funktionswäsche, Wanderbekleidung, Wärme- und Regenschutz. So wird es einem nie zu heiß oder zu kalt. Doch das Allerwichtigste beim Wandern sind gut eingelaufene, nicht zu kleine Wanderschuhe mit robuster Profilsohle." Wobei es laut der Outdoorspezialistin reine Geschmackssache ist, ob sich der Wanderer für leichte Trekkingschuhe oder robustere Wanderstiefel entscheidet. Nur sollte er unbedingt auf funktionelle Socken achten, sonst ist die erste Blase vorprogrammiert. Und wer Knieprobleme hat, dem helfen ein Paar praktische Teleskopwanderstöcke den Deich oder die Düne hinab.

Für Tageswanderungen reicht ein Rucksackvolumen von 20 bis 35 l. Richtig gepackt, ist er beim Tragen kaum zu spüren und schont den Rücken. Dafür sollte der Schwerpunkt relativ hoch, dicht am Körper und möglichst in Schulterhöhe liegen – so zieht der Rucksack beim Tragen nicht nach hinten. Während kleine Utensilien in das Deckenfach kommen, ist das Hauptfach für Bekleidung und Proviant vorgesehen. Die Last wird vom Hüftgürtel und nicht von den Schultergurten getragen. Letztere also nicht zu stramm ziehen.
In den Rucksack gehören 1 bis 2 l Wasser, Proviant wie Müsliriegel, Traubenzucker und (Trocken-)Obst sowie eine Wanderkarte. Standard sollten zudem ein Erste-Hilfe-Set mit Rettungsdecke, Taschentüchern und Sonnenschutz sein. Bewährt haben sich als Zusatzgepäck ein paar Ersatzsocken, Ersatzschnürsenkel, ein Multifunktionstaschenmesser sowie eine

Stirnlampe. Mittlerweile geht kaum mehr jemand ohne Mobiltelefon aus dem Haus. Damit es auch unterwegs zuverlässig funktioniert, gibt es kleine, leichte Zusatz-Akkus, die den Handybetrieb nochmals um einige Zeit verlängern. Fotofreunde packen zudem ihre Kamera ein. Kräuter- und Beerensammler haben eine Extra-Tasche für ihre Fundstücke im Gepäck.

Das braucht der Hund unterwegs

Während die klassische Leine im Flachland wandertauglich ist, empfiehlt Sebastian Crantz vom Hundefachgeschäft „Hund von Eden" in St. Peter-Ording, dass der Hund bei anspruchsvolleren Touren ein Brustgeschirr tragen sollte. Als Verbindung zum Menschen empfiehlt er entweder Biothane-Leinen, oder spezielle Leinen aus dem Trekkingbereich. Diese können zum Beispiel Stöße gut abfedern und es schleift nichts auf dem Boden herum. Wer mit Wanderstöcken läuft, bindet sich zudem einen Hüftgürtel für die Leine um oder befestigt diese per Karabinerhaken mit entsprechender Notauslösung am Gürtel. „Ins Hundegepäck gehören auf jeden Fall ein faltbarer Napf, Leckerlies und eine kleine Notfallapotheke. Neben den Standards für den Menschen sollte darin Watte und eine Zeckenzange sein. Wichtig ist außerdem eine Maulschlinge, die man sich selbst aus einer Mullbinde machen kann sowie Gummischuhe, falls sich der Hund an den Pfoten verletzt", empfiehlt Sebastian Crantz. Auch wenn man sich in der Natur befindet, sollte der Hundekot eingesammelt werden – zum Beispiel auf Weidewiesen und überall da, wo sich Mensch oder Tier ernähren, hinstellen oder hinsetzen könnten. Man mache sich dabei bewusst, dass, sofern der Kot auf den Wiesen liegen bleibt und von Kühen versehentlich verspeist wird, indirekt wieder in unserer Nahrungskette auf dem Tisch landet. Abgesehen davon wird vermutet, dass Hundekot im Viehfutter (Gras/Heu) für Kälbersterben verantwortlich ist. Eine gut verschlossene Plastikbox bringt die befüllte Hundetüte sicher zum nächsten Abfallbehälter.

Im Gegensatz zum Menschen braucht der Vierbeiner unterwegs keine große Mahlzeit. Wasser, etwas Obst, Leckerlies o. Ä. tun es auch. Gefressen wird entweder rechtzeitig vor der Wanderung – mindestens 1,5 Stunden bevor es losgeht – sowie danach aufgrund des erhöhten Energiebedarfs. Ganz wichtig ist es natürlich auch, immer genügend Wasser mitzunehmen und den Hund vor der Wanderung ausreichend trinken zu lassen. Wer Mikrofaserhandtücher im Gepäck hat, kann einen nassen Hund vor dem Betreten des Gasthauses abtrocknen. „Und denken Sie an eine von unten isolierte Decke als Liegefläche für kalte Böden" rät Sebastian Crantz von „Hund von Eden".

Zu guter Letzt sollte der Hund auch eine zuverlässige Grunderziehung mitbringen. Befehle wie „Sitz", „Platz", „Stopp" und „Bleib" sind Voraussetzung für ein entspanntes Wandern. Auch wenn man sich allein in der Natur befindet – spätestens im Restaurant oder Café trifft man auf Menschen und eventuell andere Vierbeiner.

Verantwortung für den Hund, die Natur und Mitmenschen

„Sie müssen als Mensch und Wanderer immer für Ihren vierbeinigen Begleiter mitdenken", erklärt Hundeexperte Sebastian Crantz. Zwar ist der Hund mit natürlichem Allrad ausgestattet und sucht sich intuitiv immer den besten Weg, dem auch wir Menschen folgen können. Doch man bedenke bei langen oder auch Mehrtagestouren, dass der Hund normalerweise 17 bis 20 Stunden Ruhe am Tag benötigt. „Vergessen Sie als auf keinen Fall ausreichende Pausen – vor allem bei extremen Wetterlagen", so der „Hund von Eden"-Inhaber.

Steile Wege, etwa auf den Vordeichen direkt an der Wasserkante, stellen für Hunde in der Regel kein Problem dar. Zu viel davon bergrunter geht natürlich auf Dauer auf die Gelenke. Schwierigkeiten können Hunde an Gitterrosten haben, die insbesondere an der niedersächsischen Nordseeküste sehr häufig vorkommen. Gerade ängstliche Tiere sollten auf solche Hindernisse langsam vorbereitet werden. Was der Mensch aufgrund der Wanderschuhe kaum merkt, ist für den Hund eine Tortur: scharfe, spitzkantige Steine und Dornen. Am besten die Ballen regelmäßig prüfen und bei Bedarf mit Melkfett o. Ä. einreiben oder Pfotenschuhe tragen lassen. Sollte man sich während der Wanderung verlaufen, auf jeden Fall zur letzten bekannten Wegmarkierung zurückkehren oder auf breiten Wegen wandern.

Ein besonders heikles Thema ist die Kombination Hund und Kuh. Gerade im Frühjahr reagieren Mutterkühe empfindlich auf unsere Vierbeiner. Ganz besonders schlimm ist es, wenn Hunde auch noch bellen oder hektisch herumlaufen. Deshalb gilt in der Regel das Anleingebot. Eine angriffslustige Kuh erkennt man übrigens am Schnauben. Dann senkt sie den Kopf und donnert los. Neben Kühen gilt es, unterwegs auch auf Wild zu achten! Denn selbst für den bravsten Hund sind davonlaufende Rehe ein absolutes Highlight.

In Schleswig-Holstein und Niedersachsen sind auf fast allen Deichen von März bis September Schafe am Grasen. Im nördlichsten Bundesland dürfen Hunde mit an den Deich genommen werden, selbst wenn dort Schafe unterwegs sind. Die Hunde müssen allerdings an der kurzen Leine gehalten werden. In Niedersachsen sieht das ganz anders aus: Keine Hunde auf den Deich! Egal, ob Schafe unterwegs sind oder nicht. Ganz offiziell wird sogar mit Strafe bedroht, wer sich über

Baden im Wasser: Für viele Hunde bei jedem Wetter ein großer Spaß

dieses Verbot hinwegsetzt. Wir können und dürfen natürlich niemandem raten, trotz eines Verbotes bestimmte Wege entlang zu wandern. Augenmaß, Gespür und Menschenkenntnis hilft jedoch in den allermeisten Fällen, Konflikte gar nicht erst entstehen zu lassen. Man sollte vor allem eines nicht vergessen: Ein wildernder Hund darf von Jägern erschossen werden!

Wer auf dem Land ist, der begegnet definitiv anderen Tieren in den Dörfern, die häufig Ausgangspunkt der Touren sind: Katzen, Ziegen, Schafe, Hühner oder Gänse, die auf den Höfen gehalten werden, laufen oftmals frei herum. Das ist die Realität des Landlebens – also liebe Metropolitaner: Nicht wundern – und bitte Rücksicht nehmen!

Die Natur ist ein sensibles System, auf das wir achten sollten

Wer sich gerne in der Natur bewegt, dem liegt das Thema Naturschutz sicher am Herzen. Dementsprechend wandert der rücksichtsvolle Mensch in Naturschutzgebieten auf den markierten Wegen.
So werden keine Anpflanzungen zerstört oder Bodenbrüter aufgeschreckt.

Seltene Pflanzen dürfen zwar bestaunt, aber nicht abgepflückt werden. Und natürlich wird der eigene Müll mitgenommen und in der Zivilisation entsorgt.

Und: In ganz Schleswig-Holstein und Niedersachsen gilt offiziell das Anleingebot. Wer den Hund frei laufen lässt, handelt auf eigene Gefahr, auch wenn in der Regel wohl nichts passieren wird. Für unsere Fotos haben wir die Hunde rein zu fotografischen Zwecken ab- und angeleint. Das Abbilden der freilaufenden Hunde ist kein Verweis darauf, dass an bestimmten Stellen kein Anleingebot gilt.

Also dann: Hinaus in Feld und Flur, durch Hag und Heide, durch Moor, Modder und Morast. Viel Spaß beim Wandern, der Ruhe im Wald, der frischen Luft an der See und Ausgeglichenheit. Waidmannsheil.

Werbung

Schleswig-Holsteinische Nordseeküste

TOUR
1

klassische „Wald- und Wiesen"-Tour –
windige Felder und schattige Wälder

Viel Wind und wenig los

Hundefreundlichkeit: **Diese abwechslungsreiche Tour führt durch schattige Wälder und über viel freies Feld. Große Teile des Naturschutzgebietes im Wald sowie die wenigen Schafherden auf den Feldern und Wiesen sind robust eingezäunt. Der Hund kann sich also auf den meisten Kilometern der Tour austoben. Ein kurzes Stück Straße verbindet den Feld- mit dem Waldteil der Tour. Einige Bachläufe bieten den Vierbeinern gute Möglichkeiten, sich im Sommer abzukühlen und etwas zu trinken.**

Tour-Info	↔ 9,5 km	🕐 2 Std.	↕ 9 / 3 m
Kategorie:	leicht		
Start-Ziel:	Westre, Naturschutzgebiet Schwarzenberger Moor		
GPS:	54°52'45.1"N 8°59'14.5"E		
Markierung:	keine Markierung		
Wegecharakteristik:	56 % Wanderweg – 32 % Straße – 12 % Weg		

Nach der Ankunft geht es für 400 m zu Fuß den Fahrweg wieder zurück zur Straße. Hier kann der Hund sofort seine Nase ausgiebig in die grünen Gräben und Seitenstreifen stecken und eine ordentliche Prise frischer Landluft einatmen. An der Straße angekommen, geht es links ab. Nach 600 m wird die „Grenzstraße" überquert. Weiter geradeaus geht es jetzt für 500 m über einen solide gepflasterten Feldweg durch traumhaft anzuschauendes Nichts. Die weißen Schleswig-Holsteinischen Wolken ziehen am blauen Himmel vorbei, der Blick schweift kilometerlang über saftige, grüne Wiesen und am Horizont kann man die Nordsee erahnen. An den seltenen Tagen ohne frischen Wind ist es hier oben, kurz vor der dänischen Grenze fast schon erdrückend still. Dann folgt man dem Weg an der ersten Abzweigung nach links und läuft sehr dicht an zahlreichen [1] Windrädern vorbei.

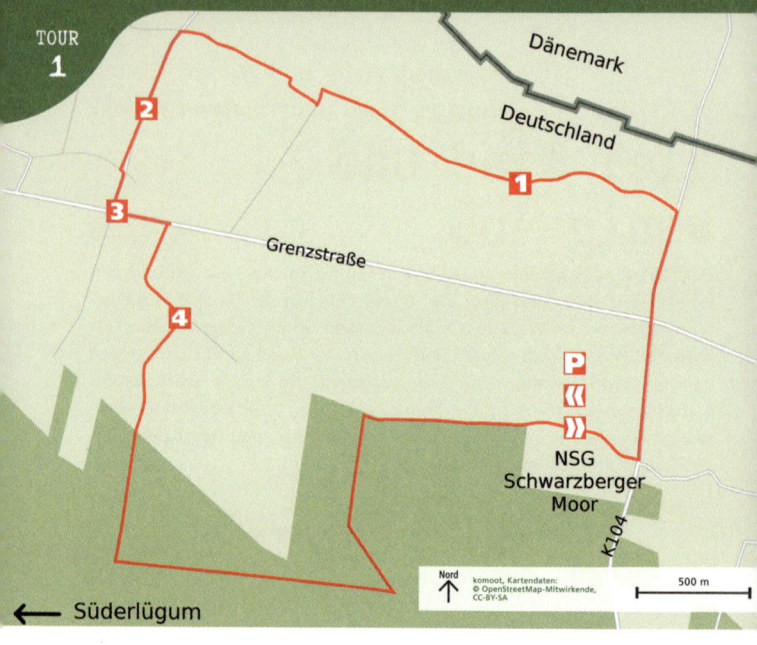

← Süderlügum

Der Windpark Ellhöft ist einer der ersten und ältesten Bürgerwindparks in Schleswig-Holstein. Die Windräder mit einer Höhe von 99 m und einem Rotordurchmesser von 62 m produzieren so viel Strom, dass 4.100 Vierpersonen-Haushalte ein Jahr lang damit versorgt werden können. Diesem Weg folgt man 2,5 km bis zur scharfen Linkskurve. Nun kommt man in das kleine Dörfchen Ellhöft. Auf dem 2 Bauernhof, der rechter Hand liegt, sorgt ein sehr laut bellender, aber harmloser Rottweiler-Mix für Ordnung. Ab hier sollte man den eigenen Hund an die Leine nehmen, denn kurz nachdem der Bauernhof passiert wurde, kommt man wieder an die 3 Grenzstraße. Hier bitte nicht der Versuchung nachgeben und die Straße geradeaus überqueren. Der sehr romantische Weg endet nach einem knappen km als Sackgasse im absoluten Matsch. Also links abbiegen und für 260 m dem breiten Grünstreifen der Grenzstraße entlang folgen. Dann rechts in den ersten abzweigenden Weg biegen und diesem für knappe 500 m folgen. Der Weg macht eine 4 Rechtskurve und läuft für weitere 500 m direkt auf den Wald zu. Im Wald hält man sich weiter Richtung Süden, bis man nach 670 m die T-Kreuzung zweier Waldwege erreicht. Nun nimmt man den Weg zur Rechten und folgt diesem für 1,2 km, bis man die etwas unscheinbare Abzweigung ins Dickicht erreicht. Für die kommenden gut 800 m gilt es, ein

Schleswig-Holstein: Mutterland aller Windräder

Kühe sind auf dieser Tour durch Zäune und Gräben abgeschirmt

Tipp

Die KZ-Gedenk- und Begegnungsstätte Ladelund ist die älteste KZ-Gedenkstätte Schleswig-Holsteins und eine der ersten in Deutschland. Sie begann die Gedenkarbeit 1950 auf Initiative des dortigen Gemeindepastors offiziell und mit Beteiligung von Betroffenen und Angehörigen der Opfer. Der Pfarrer hatte die Register über die auf dem kirchlichen Friedhof 1944 bestatteten Häftlinge geführt. In Sichtweite der Gräber wurde 1989 ein Dokumentenhaus errichtet, das eine historische Dauerausstellung über die Geschichte des KZ mit ihrer Vor- und Nachgeschichte beherbergt. (www.kz-gedenkstaette-ladelund.de)

Hintergrund

Diese Tour gehört zur sogenannten „Grænserouten", der Grenzroute. 1920 wurde nämlich im heutigen Nordfriesland über den Grenzverlauf zwischen Deutschland und Dänemark abgestimmt. Als Ergebnis verlegte man die deutsch-dänische Grenze nach Süden und Teile des heutigen Schleswig-Holsteins wurden dänisch. Einige Menschen sind nach dieser Abstimmung ins Nachbarland ausgewandert, weil sie unbedingt Dänen oder Deutsche bleiben wollten. An mehreren Stellen wurde sogar der Grenzverlauf nachträglich geändert, weil die Anlieger unbedingt zur anderen Nation gehören wollten.

wenig vorausschauend zu gehen. Der Weg ist etwas uneben und ausgetreten sowie sehr stark mit Gräsern und kleinen Sträuchern bewachsen. Sollte es kurz zuvor geregnet haben, wird es – wenn die nächste Abzweigung in Sicht kommt – etwas matschiger. Am Waldrand angekommen, geht es nach rechts. Hier kann man noch einmal einen schönen Panoramablick auf die Windräder am Horizont werfen, an denen man bereits vorbeigegangen ist. Nach knapp 1,5 km erreicht man dann wieder das unter einem schattigen Baum geparkte Auto.

Info

🚏	Bus 1012 bis Haltestelle „Westre Dorf"
🅿	Westre, Schwarze Berge 1, Abzweig zum Bauernhof
🗺	Kompass-Wanderkarten Nordfriesland Nord - Niebüll - Husum WK 706
🍴	Gasthof Kirchspielkrug Dorfstraße 17 25926 Ladelund Tel.: 04666-372
🛏	Landhotel Tetens Hauptstraße 24 25923 Süderlügum Tel.: 04663-18580 www.landhotel-tetens.de
ℹ	Dagebüll-Niebüll Touristk Touristinformation Niebüll Bahnhofstraße 6 25892 Niebüll Tel.: 04661-94101 www.nf-tourismus.de
✚	Dr. med. vet. Dora Fehr Ulmenweg 8 25926 Ladelund Tel.: 04666-989470

Werbung

Gib Deinem Hund eine Kugel !

www.hamburgerkugeln.de

dänische Gemütlichkeit – doppelter Grenzübertritt – grüne Wiesen & stille Wasser

Hinter Rosenkranz über die Grenze

Hundefreundlichkeit: Abwechslungsreiche Wege führen über Schaf-freie Deiche und durch sattgrüne Wiesen. An mehreren Stellen gibt es natürliche Bachläufe und eine kleine Marina, an der der Hund baden und etwas trinken kann. An warmen Sommertagen bieten zwei kleine Wäldchen angenehmen Schatten und wer die Tour im Uhrzeigersinn läuft, hat meistens Rückenwind.

Tour-Info	↔ 14,5 km	🕒 3 Std.	↕ 2 / -2 m
Kategorie:	mittelschwer		
Start-Ziel:	Rudbøl (DK), öffentlicher Parkplatz am Hotel Rudbøl Grænsekro		
GPS:	54°54'01.0"N 8°45'11.0"E		
Markierung:	keine Markierung		
Wegecharakteristik:	73 % Straße – 26 % Wanderweg – 1 % Nebenstraße		

Los geht es im Ortskern von Rutebüll oder Rudbøl. Hier geht es vom Parkplatz des Hotel links in den Ort hinein. An vielen schnuckeligen und sehr gepflegten Reetdachhäusern vorbei, führt einen die Tour nach etwa 400 m rechts auf den „Møgeltøndervej", eine kleine Straße mit wenig Verkehr. Die wenigen Spaziergänger grüßen mit einem freundlichen „Hej" und freuen sich, dass sich jemand für diesen Landstrich abseits der touristischen Pfade interessiert. Nach wenigen Metern hat man sich schon an das gemächliche und angenehm ruhig dahinplätschernde dänische Lebensgefühl hier oben gewöhnt. Dem kurvigen und ruhigen „Møgeltøndervej" folgt man für 2,5 km und biegt dann an der **1** Kurmuschel rechts in den „Gammel Digevej" ab. Bei näherer Betrachtung entpuppt sich die Kurmuschel als Bushaltestelle. Dem Wirtschaftsweg folgt man für gute 500 m und verlässt ihn in der Rechtskurve nach links auf den befestigten Feldweg. Nach etwas mehr als 400 m biegt man vom Feldweg

TOUR 2

nach rechts ab und läuft den Weg am kleinen Teich (rechts) vorbei bis zum **2** Gatter. Hier folgt man dem Sommerdeich. 1,8 km später kommt man durch ein kleines **3** Gehöft und biegt zwischen den beiden Häusern scharf links ab. Auch wenn man das Gefühl hat, durch einen privaten Garten zu wandern: es ist ein öffentlicher Weg. Nach ziemlich genau 1 km erreicht man den „Møllehuswej". Hier biegt man rechts ab und keine 100 m weiter, direkt hinter der kleinen Brücke, wartet eine niedliche **4** Marina mit einer Slipstelle, an der die Hunde ohne Probleme ins Wasser eintauchen und ein Bad nehmen können. Das Wasser ist sauber und nicht salzig, sodass der Hundedurst gut gestillt werden kann, und man sich selbst auch ein bisschen die Füße kühlen kann.

700 m weiter erreicht man die **5** Deutsch-Dänische Grenze. Ist man wieder in Deutschland, biegt man an der Straßenkreuzung im Ort Aventoft rechts ab und folgt der Straße durch den Ort. Hat man Aventoft hinter sich gelassen, geht es weiter durch die Feldmark, bis man nach gut 6 km in Rosenkranz angekommen ist. Dort biegt man an der einzigen Kreuzung des Ortes rechts ab und folgt der kleinen Straße bis zur **6** ehemaligen Grenzstation. Gleich nach dem

Öffentliche Wege führen in Dänemark auch über privates Gelände

TOUR 2

Bei dieser Tour geht es zweimal über die grüne Grenze

Grenzübertritt zeigen Infotafeln (in dänischer Sprache), wie sich das Leben zu Zeiten der alten Zollstation hier oben im hohen Norden abgespielt haben muss. Im „Alten Deutschen Grenzkrug" in Rosenkranz erzählen einem die Alten mit leuchtenden Augen von den guten alten Zeiten, vom kleinen Nervenkitzel, die Grenze mit Unverzolltem zu überqueren. Wer hier auf der deutschen Seite in den dänischen Supermärkten eine Flasche Mineralwasser kaufen möchte, muss die letzten 750 m bis zum geparkten Auto durstig fortsetzen. Man braucht einen dänischen Pass. Und wer den nicht hat, darf gerne Schnaps, Bier und Wein kaufen. Aber Wasser gibt's nur für Dänen. Und da ist es wieder, dieses ein bisschen verwegene Gefühl, das sich beim Grenzübertritt breit macht und das diesen kargen und romantischen Landstrich auch heute noch ausmacht.

Tipp

Wer von den wilden Himmeln, die über Nordfriesland und Südtondern hinweg jagen, nicht genug bekommen kann, dem sei ein Besuch im Nolde Museum in Seebüll empfohlen. Von März bis November kann man hier täglich zwischen 10 und 18 Uhr über 170 Arbeiten des Malers anschauen, darunter auch viele nordfriesische Impressionen. Seit 1957 – ein Jahr nach dem Tod des Malers – steht das Haus als Künstler-Museum allen Interessierten offen. Die ursprüngliche Atmosphäre des Hauses ist erhalten geblieben. Als Besucher fühlt man sich wie ein Gast im Atelier des Künstlers. Eintritt für Erwachsene 8 Euro, Schüler/Studenten 3 Euro. Wie kommt man hin? Einfach den Schilder „Nolde-Stiftung" folgen, die hier oben an wirklich jeder Straßenecke stehen. (www.nolde-stiftung.de)

Falls man sich den Rutebüller See und seine Wandertour von hoch oben aus der Luft anschauen möchte, dann sollte man dem Segelflugplatz Aventoft einen Besuch abstatten (Westerunterland 20, 25927 Aventoft). Er ist Deutschlands nördlichster Flugplatz und bei gutem Wetter besteht samstags und sonntags die Möglichkeit, für ein kleines Entgelt eine Runde in völliger Stille durch die Lüfte zu drehen. Hier ist übrigens das älteste noch fliegende Segelflugzeug Deutschlands zu Hause. (www.flugplatz-aventoft.de)

Info

🚌 Linie 1001 - Haltestelle „Aventoft-Rosenkranz", dann über die Grenze und durch den Rudbøl.

🅿 öffentlicher Parkplatz (kostenlos) vorm Hotel Rudbøl Grænsekro

🗺 Kompass-Wanderkarten Nordfriesland Nord - Niebüll - Husum WK 706

🍴 Alter Deutscher Grenzkrug
Rosenkranzer Straße 44
25927 Rosenkranz
Tel.: 04664-386
www.de.alter-deutscher-grenzkrug.de

🛏 Reethus Nissen
Westerschinkeldeich 18
25899 Fahretoft
Tel.: 0171-1205522
www.reethus.com

ℹ Dagebüll-Niebüll Touristk
Touristinformation Niebüll
Bahnhofstraße 6
25892 Niebüll
Tel.: 04661-94101
www.nf-tourismus.de

✚ Dr. med. vet. Dora Fehr
Ulmenweg 8
25926 Ladelund
Tel.: 04666-989470

Hintergrund

Der Ruttebüller See – oder wie die Dänen sagen: Rudbøl Sø – gehört zum Flusslauf der Wiedau. Er ist der einzige See in Schleswig-Holstein, der einen durchgängigen Zugang zum Meer hat. Die Deutsch-Dänische Grenze verläuft mitten durch den See.

Blick nach Föhr und Sylt – Hindenburgdamm hautnah erleben – Nordfriesische Geschichte

Frischer Wind am Hindenburgdamm

Hundefreundlichkeit: Neben einem faszinierenden Blick auf die Inseln Sylt und Föhr kann man bei dieser Tour die regelmäßig in sicherem Abstand vorbeifahrenden und dennoch gut sichtbaren Züge auf dem Hindenburgdamm von und nach Sylt bestaunen. Saftige grüne Wiesen wechseln sich (Im Sommer) mit blühenden Feldern ab. Zwischen September und März sind sogar die Deiche Schaf-frei. Wessen Hund gar nicht mit der Nähe zu Schafen klarkommt, der wählt einfach den landseitig des Deiches entlangführenden Weg.

Tour-Info	↔ 6 km	⏱ 1 Std.	⇅ 2 / -1 m
Kategorie:	mittelschwer		
Start-Ziel:	Friedrich-Wilhlem-Lübke-Koog, Parkplatz am Ende der Straße „Nordhörn" (vor dem Gatter am Deichzugang)		
GPS:	54°52'59.0"N 8°36'41.2"E		
Markierung:	keine Markierungen		
Wegecharakteristik:	62 % Weg – 38 % Straße		

Nach dem Passieren des Gatters hält man sich rechts in Richtung Hindenburgdamm und stapft den stetig ansteigenden Weg zum Deich hinauf. Beim **1** kleinen Bahnübergang, den man nach knapp 700 m erreicht, kann man entweder weiter in Richtung Dänemark wandern (s. u.) oder sich links halten und den Eingang zum Hindenburgdamm begutachten. Dieser Fahrweg dient z. B. Rettungsfahrzeugen, die werdende Mütter ganz schnell von der Insel in die Geburtsklinik nach Niebüll fahren müssen. Hier wandert man nun gen Süden auf der Seeseite des Deiches mit Blick auf die Inseln Föhr und Sylt sowie Europas größten Windpark die Küste entlang. Sollten, je nach Jahreszeit, Schafe freilaufend auf den Salzwiesen zur Rechten (also in Richtung Meer) oder zur Linken (auf dem Deich) grasen, empfiehlt es sich, den Teil der Strecke, der

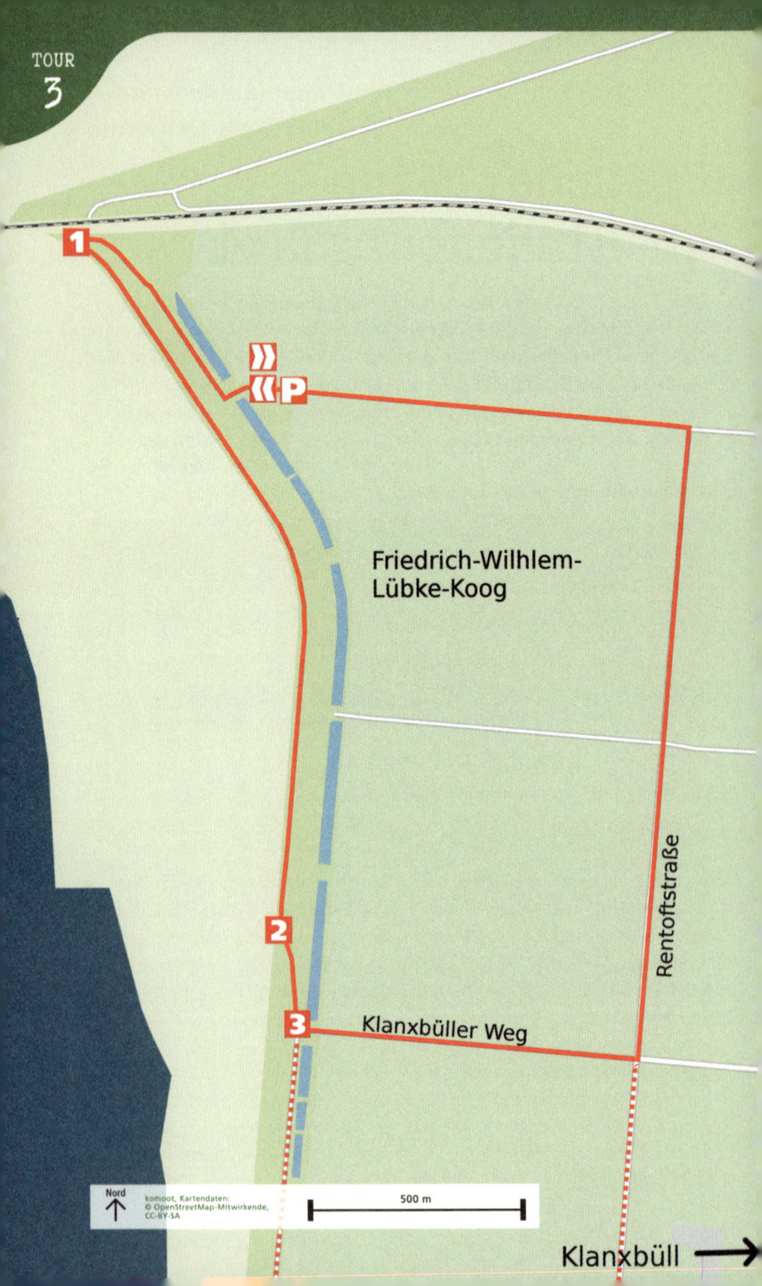

TOUR
3

Friedrich-Wilhlem-
Lübke-Koog

Klanxbüller Weg

Rentoftstraße

Nord ↑ komoot, Kartendaten: © OpenStreetMap-Mitwirkende, CC-BY-SA

500 m

Klanxbüll →

Der Zug fährt nach Sylt. Wir gehen in Richtung Klanxbüll

von den wolligen Vierbeinern okkupiert wird, auf der Landinnenseite des Deiches fortzusetzen. Ansonsten gilt: Immer der Nase nach und dem gut ausgebauten Weg folgen. Wem der Wind zu stark ins Gesicht bläst, der kann die Runde kurz halten, in dem er nach 2,5 km an der 2 ersten regulären Möglichkeit den Deich überquert. An der nächsten 3 Abzweigung biegt man dann in den „Klanxbüller Weg". Nach ca. 800 m geht man nach links bis zum Ende der „Rentoftstraße". „Straße" ist fast schon ein bisschen übertrieben: Hier begegnet einem höchstens ein Traktor, der zu einem der beiden letzten Gehöfte vorm Deich gehört – oder ein Servicefahrzeug der Elektrotechniker, die sich um die Windkraftanlagen kümmern. Am Ende der Straße biegt man links in Richtung

Tipp

Die Tour kann beliebig in 800 Meter-Schritten verlängert und ausgebaut werden. Einfach an der Kreutung am Klanxbüller Weg immer in Richtung Ende des Friedrich-Wilhelm-Lübke-Koogs weiterwandern und nach Belieben links abbiegen und die kleine „Rentoftstraße" entlang wieder zurückgehen. Wer hingegen in Richtung Dänemark wandern möchte, muss den unbeschrankten Bahnübergang zu Beginn der Tour überqueren. Vorsicht Zugverkehr! Es kann allerdings sein, dass die Schäfer je nach Jahreszeit diesen Übergang sehr „professionell" mit Stacheldraht verschließen, um ihre Tiere am Deich hinter dem Damm weiden zu lassen.

In Nordfriesland scheint die Sonne viel öfter als man denkt. Frischer Wind weht trotzdem (fast) immer

Nordsee ab und erreicht nach 600 m wieder das geparkte Auto.
Wer die Tour gerne ausdehnen und den ganzen aufregenden Heinrich-Wilhelm-Lübke-Koog kennenlernen möchte, der biegt an der 3 Abzweigung nicht links in den „Klanxbüller Weg" ab, sondern geht bis zum Ende des Kooges entweder land- oder seeseitig des Deiches weiter. Das sind dann noch einmal gute 8 km hin und gute 8 km wieder auf der „Rentoftstraße" zurück.

Hintergrund

Der Friedrich-Wilhelm-Lübke-Koog war der letzte Koog in Schleswig-Holstein, der zur Landgewinnung errichtet wurde. Spätere Köge wie der Hauke-Haien-Koog wurden aus Gründen des Küstenschutzes erschlossen und sind nur teilweise oder gar nicht besiedelt. Die Eindeichung des Koogs mit einem 8,5 km langen Außendeich war das größte Deichbauvorhaben der Nachkriegszeit in Schleswig-Holstein. Zu dieser Zeit wurden auch die Gehöfte gebaut, die man bei dieser Tour rechts und links der Straße sieht. Die Klanxbüller Kirche, die am Ortsausgang in Richtung Friedrich-Wilhelm-Lübke-Koog steht, ist übrigens die einzige Kirche auf dem nordfriesischen Festland mit Reetdach.

Info

- Hier fährt zweimal am Tag ein Schulbus hin. Sonst nichts.

- Friedrich-Wilhelm-Lübke-Koog, Parkplatz am Ende der Straße „Nordhörn"

- Kompass-Wanderkarten Nordfriesland Nord - Niebüll - Husum WK 706

- Hotel & Restaurant Klanxbüler Stuben
Klanxbüller Straße 85
25927 Neukirchen
Tel.: 04664-503
www.klanxbueller-stuben.de

- Reethus Nissen
Westerschinkeldeich 18
25899 Fahretoft
Tel.: 0171-1205522
www.reethus.com

- Nordfriesland-Tourismus GmbH
Nordseestraße 14
25899 Dagebüll
Tel.: 04667-981036
www.nordfrieslandtourismus.de

- Tierärztin Michael Weps
Am Schulsteig 7
25927 Klanxbüll
Tel.: 04664-606

Strandkörbe – Abgeschiedenheit –
Schaf-freie Hundeunterhaltung

Am nördlichsten Hundestrand Deutschlands

Hundefreundlichkeit: Der Hundestrand und die ausgewiesene Hundewiese in Emmelsbüll sind ein Geheimtipp. Hier verirren sich nur wenige Feriengäste her. Meistens trifft man Einheimische, die mit ihren Hunden den Küstenstreifen erkunden. Die eingezäunte Hundewiese bietet sogar eigene Strandkörbe nur für Hundehalter. Vier- und Zweibeiner können hier einen entspannten Tag am Meer genießen.

Tour-Info	↔︎ 4 km	🕐 40 Min.	↕︎ 1 / 0 m
Kategorie:	leicht		
Start-Ziel:	Emmelsbüll-Horsbüll, Südwesthörner Straße, Parkplatz am Siel		
GPS:	54°47'44.8"N 8°39'39.7"E		
Markierung:	keine Markierung		
Wegecharakteristik:	52 % Weg – 46 % Straße – 2 % Nebenstraße		

Am Parkplatz am Schöpfwerk geht es links am Sielhäuschen vorbei und dann die einzige Treppe weit und breit auf den Deich hinauf. Oben angekommen, kann man entweder 11,5 km einfach den Deich entlangwandern, bis man den Hindenburgdamm erreicht hat (siehe auch Tour 3). Empfehlenswert ist diese lange Tour allerdings nur, wenn keine Schafe auf dem Deich grasen, der Wind gerade eine Pause hat und die Sonne am blauen Himmel strahlt. Dann kann man das Panorama von Föhr über Norddeutschlands größten Windpark und Sylt bis hin zum Hindenburgdamm genießen. Ansonsten hält man sich links, umrundet die kleine Liegewiese mit den paar Strandkörben, weicht den wenigen Drachensteigern aus und wandert auf dem Deich in südlicher Richtung für 3,5 km. Dann besteht die **1** erste Möglichkeit, den Deich legal zu überqueren. Für Möglichkeit zwei muss man noch einmal 2,5 km weitergehen. Nach der jeweiligen Deichüberquerung links auf dem Sträßchen „Marienkoogdeich" zurück zum Ausgangspunkt. Spaß macht

auch diese Tour eher nur bei trockenem Wetter, weil auf der gesamten Strecke keine Möglichkeit vorhanden ist, sich vor dem entgegenwehenden Regen zu schützen.

Wer sich vom aufregenden nordfriesischen Strand- und Wanderleben mal ein paar Stunden ausklinken und erholen möchte, für den ist der 🔴 Hundeauslaufplatz in Emmelsbüll-Horsbüll genau das Richtige. Auf der eingezäunten, knapp 1.000 qm großen Hundewiese stehen sogar sehr gepflegte und nicht verschlossene Strandkörbe für Frauchen und Herrchen bereit (sehr praktisch, falls mal wieder ganz spontan ein kräftiger Regenschauer aus Nordwest den sonnigen Tag unterbrechen sollte). Rings um die Hundewiese weiden Schafe. Eine prima Möglichkeit also, den Hund am Zaun entlang in Ruhe den wolligen Vierbeinern hinterherschnuppern- und laufen zu lassen, ohne Angst zu haben, dass die Schafe zu Schaden kommen. Gerade im Sommer – zur Hochsaison – ist an diesem Küstenabschnitt viel weniger los als im restlichen Nordfriesland. Das liegt sicherlich auch daran, dass die Infrastruktur hier oben sehr begrenzt ist. Für die entspannten Stunden am Hundestrand empfiehlt es sich, eine Picknickdecke mit wasserabweisender Unterseite mitzunehmen und

Hier haben sogar Hunde ihren eigenen Strandkorb

gemeinsam mit dem eigenen Vierbeiner einen entspannten Blick auf die wenigen anderen Feriengäste und Schafe außerhalb der Hundewiese zu werfen. Der Weg zum Strand beträgt nur knapp 20 m – jedenfalls bei mittlerem Hochwasser. Bei Ebbe wird der Strandbesuch eher zu einer Mischung aus Wattwanderung und Schlammschlacht. An der Badestelle gibt es aber eine öffentliche Dusche, unter der man neben den eigenen Füßen auch Hundepfötchen vom Schlick befreien kann.

Tipp

Der Deich in Emmelsbüll-Horsbüll hat eine besondere Bedeutung: Es gibt hier keine zweite Deichlinie, die bei einem Deichbruch das Hinterland schützen könnte. Sollte dieser Deich jemals brechen, stünde halb Nordfriesland bis nach Leck unter Wasser. Wer abends hierher kommt, sieht die Signale der Leuchttürme von Amrum, Sylt und Hallig Langeneß.

Info

H kein ÖPNV

P Emmelsbüll-Horsbüll, Südwesthörner Straße, Parkplatz am Siel

🗺 Kompass-Wanderkarten Nordfriesland Nord - Niebüll - Husum WK 706

🍴 Friesischer Gasthof Emmelsbüll
Dorfstraße 8
25924 Emmelsbüll-Horsbüll
Tel.: 04665-210
www.friesischer-gasthof.com

— Reethus Nissen
Westerschinkeldeich 18
25899 Fahretoft
Tel.: 0171-1205522
www.reethus.com

i Nordfriesland-Tourismus GmbH
Nordseestraße 14
25899 Dagebüll
Tel.: 04667-981036
www.nordfrieslandtourismus.de

✚ Tierärztin Michael Weps
Am Schulsteig 7
25927 Klanxbüll
Tel.: 04664-606

TOUR 5

Shipspotting in Dagebüll-Mole

Kuuge än Schäipenhääge

Hundefreundlichkeit: **Bei dieser Tour wird dem Hund viel Abwechslung geboten. Grüne Deiche (ohne Schafe), feiner Sandstrand und spannende Salzwiesen, in denen es kreucht und fleucht, machen die Wanderung zu einem Erlebnis für die Nase der Vierbeiner. Für Zweibeiner bietet das Treiben am Fähranleger Dagebüll eine willkommene Abwechslung vom nordfriesischen Einerlei.**

Tour-Info	↔ 7,5 km	⏰ 1,5 Std.	↕ 2 / -1 m
Kategorie:	leicht		
Start-Ziel:	Dagebüll-Kirche, am Bahnübergang		
GPS:	54°43′51.0″N 8°43′53.8″E		
Markierung:	keine Markierung		
Wegecharakteristik:	41 % Weg – 37 % Straße – 22 % Wanderweg – 1 % Nebenstraße		

Am Parkplatz geht es zunächst ein kleines Stück die Straße zurück, links an der St. Dionysius-Kirche von 1731 vorbei und dann kurz hinter der Kirche rechts ab auf den mit Rasen bewachsenen Deichwanderweg. In der Kirche hängt eine der ältesten Glocken der Umgebung von 1584. Wer einen Blick in die Kirchen werfen möchte, hat dazu am Ende der Runde noch Zeit. Hinter dem Gatter führt der Weg für 800 m über den erhöhten Deich bis zur ❗ Hauptstraße, die den Ort mit dem restlichen Nordfriesland verbindet.

Besonders spannend ist es, die in den Dagebüller Hafen einlaufenden Fähren aus dieser Position zu beobachten. Man sieht nur deren obere Aufbauten und erliegt für einen Moment lang der Illusion, die Schiffe würden auf den Deich entlang fahren. Nachdem die Straße überquert ist, geht man weiter geradeaus Richtung Westen – bei Gegenwind am besten rechts vom Deich (auf der Landseite), bei Rückenwind auf der Seeseite. Wenn gerade keine Schafe auf dem Deich grasen und der Wind gut steht, dann bietet die

TOUR 5

Wanderung auf dem Deichkamm den besten Überblick bis zum Dagebüller Hafen. Nach 700 m erreicht man eine **1** einspurige Gleisanlage. Hier fährt die Lore zur Hallig Oland und dann weiter nach Langeneß. Man sollte allerdings nicht versuchen, den Schienen zu Fuß zu folgen: Erstens ist das gefährlich, weil man der entgegenkommenden Lore nicht ausweichen kann. Und zweitens würde man schon nach wenigen Metern ziemlich nasse Füße bekommen, weil der Damm selbst bei Ebbe nass und glitschig ist. Also folgt man dem Deichverlauf und passiert nach gut 800 m das **2** alte Leuchtfeuer, das heute nicht mehr in Betrieb ist. 1 km weiter sieht man dann links viele kleine, bunte Badebuden,

das Dagebüller Wahrzeichen. Von hier erhascht man bereits einen sehr schönen Blick auf **3** Dagebüll-Mole, den Hafen des kleinen Dörfchens. Von hier aus starten Fähren nach Amrum und Föhr. Sie kennen den Hafen aus dem Fernsehen, denn wenn in Norddeutschland wieder einmal eine schwere Sturmflut tobt, stehen am Deichübergang vorm Strandhotel immer die Reporter und stemmen sich gegen den Wind. Bei trockenem und nicht allzu windigem Wetter laden die Bänke auf dem Deich zum Verweilen ein und man kann den Trubel an der Mole mit entspanntem Abstand beobachten. Am Ende des Deiches, direkt vor dem Strandhotel Dagebüll, nimmt man die Treppenstufen nach

Die Kirche in Dagebüll gehört zu den ältesten in Nordfriesland

Die Badebuden sind seit 1927 ein Markenzeichen von Dagebüll

links herunter. Unten angekommen folgt man der "Nordseestraße" für ein kurzes Stück nach links, um anschließend dem Verlauf der "Fährhafenstraße" zu folgen. Hat man den Hafen hinter sich gelassen, führt der Weg parallel zum Wasser entlang. Nachdem ein Gatter passiert wird, hat man für die kommenden 2,7 km die Salzwiesen auf der linken Seite. An der ersten legalen Möglichkeit rechts den Deich zu überqueren, biegt man landseitig ab und hat – oben auf dem Deich angekommen – einen Blick auf eine Muschelzucht. Die Muscheln, die hier versandfertig verpackt werden, kommen von Föhrer Muschelbänken und werden deshalb als Föhrer Muscheln verkauft. Nach rechts gehend folgt man dem sich deichabwärts schlängelnden Weg für etwas mehr als 300 m. Dann, an der **4** Straße angekommen, biegt man erneut rechts ab und folgt dem Fußweg für 600 m. An der

🔴 Nommenswarft biegt man links in die „Dorfstraße" ein und folgt dieser, am Friedhof und dem kleinen Bahnhof des Ortsteils Dagebüll-Kirche vorbei, für 1,2 km bis über die Bahnschienen. Dann noch einmal kurz links abgebogen und nach 50 m ist man wieder am Auto angekommen.

Hintergrund

Kuuge än Schäipenhääge ist übrigens Friesisch und heißt „Köge und Schaftore". Die Schaftore, die es an vielen Deichen entlang der Küste gibt, sorgen dafür, dass die Schafe sich nicht selbständig machen und ihre Weide unbeaufsichtigt verlassen. Wenn man durch so ein Schaftor oder Gatter geht und es offen vorfindet, lässt man es nach dem Durchqueren offen stehen. Findet man das Schäipenhääge geschlossen vor, schließt man es hinter sich wieder. Die Deiche, auf denen diese Tore stehen, gibt es erst seit dem 18. Jahrhundert. Vor dem Jahr 1700 war Dagebüll eine unbedeichte Hallig im Wattenmeer.

Hintergrund

In Dagebüll haben die bunten Badebuden, an denen die Tour vorbeiführt, eine bis 1927 zurückreichende Tradition. Zu Beginn der Badesaison werden die Buden zusammen mit den Strandkörben aus dem Winterlager heraus an den Strand gestellt. Die Strandkörbe kommen auf den Deich und die Badebuden auf den befestigten Deichfuß. Die knapp 60 Buden sind prägend für den Gesamteindruck des Badestrandes. Anders als die Strandkörbe, die vor allem von Touristen angemietet werden, werden die Buden über Erbrecht nur innerhalb einer Familie genutzt und weitergegeben. In den vergangenen Jahren wurde das Traditionsrecht eingeführt, um die Zahl der Buden zu begrenzen.

Info

🚌 Bus 1018 (Niebüll-Risum-Fahrtoft-Dagebüll), Haltestelle „Dagebüll Kirche"

🅿 Osterdeich 4, 25899 Dagebüll Kirche, gegenüber Restaurant „To-olen-Slüüs"

🗺 Kompass-Wanderkarten Nordfriesland Nord - Niebüll - Husum WK 706

🍴 Strandhotel Dagebüll
Nordseestraße 2-4
25899 Dagebüll
Tel.: 04667-94000
www.strandhotel-dagebuell.de
(Meer- und Hafenblick)

🛏 Campingplatz Moin Moin
Dagebüll
Landesstraße 9
25899 Dagebüll
Tel.: 04667-951168
www.campingplatz-dagebuell.de
(Frische, warme Fischbrötchen!)

Strandhotel Dagebüll
Nordseestraße 2-4
25899 Dagebüll
Tel.: 04667-94000
www.strandhotel-dagebuell.de

Reethus Nissen
Westerschinkeldeich 18
25899 Fahretoft
Tel.: 0171-1205522
www.reethus.com

ℹ Nordfriesland-Tourismus GmbH
Nordseestraße 14
25899 Dagebüll
Tel.: 04667-981036
www.nordfrieslandtourismus.de

➕ Tierarztpraxis Inga Siemer
Holme 18
25920 Risum-Lindholm
Tel.: 04661-905871
www.tierarztpraxis-inga-siemer.de

Bordelumer Heide – Bredstedter Fernsehturm – viel Wald und schöne Wiesen

Rund um den Stollberg

Hundefreundlichkeit: Diese Tour ist ausgesprochen hundefreundlich. Es gibt Trink- und Bademöglichkeiten für die Vierbeiner entlang des Weges, sehr viel Wiese und Wald zum ausgiebigen Nasentraining . Die Tour ist völlig frei von Schafen. Sogar auf die Aussichtsplattform des Fernsehturms kann man seinen Hund mitnehmen: Die Stufen sind mit weichem Material gepolstert und bestehen nicht aus Lochgitter.

Tour-Info	↔ 9 km	🕒 2,5 Std.	↕ 43 / 12 m
Kategorie:	mittelschwer		
Start-Ziel:	Bordelum, Waldparkplatz am Fernmeldeturm		
GPS:	54°38'40.8"N 8°56'45.3"E		
Markierung:	keine Markierung		
Wegecharakteristik:	46 % Straße – 28 % Wanderweg – 15 % Nebenstraße – 12 % Weg		

Diese Tour startet am Parkplatz vorm Bredstedter Fernmeldeturm. Der Parkplatz wird nach links auf die Straße „Am Stollberg" verlassen. Nach 400 m biegt man leicht rechts ab und folgt der kleinen Straße für weitere 400 m bis zur seichten Rechtsbiegung. Ab hier kann man seinen Hund ruhigen Gewissens von der Leine nehmen. Nun geht es weiter die Straße entlang durchs Hochmoor, bis man nach knapp 0,5 km den „Heideweg" überquert. Hier geht es weiter in den Wald hinein, der schon bald in die Langenhorner Heide übergeht. Die Landschaft sieht hier ungefähr so aus, wie man sich einen Mondkrater vorstellt. Das sind die Schäden, die Orkan Christian 2013 hier hinterlassen hat. Ein Förster hat uns verraten, dass der Wald noch mindestens zehn Jahr benötigt, um wieder einigermaßen wie ein Wald auszusehen. Nach gut 500 m erreicht man – jetzt wieder in einem Waldstück – eine Abzweigung. Hier nimmt man den Weg nach rechts. Augen offen halten: Die nächste Abzweigung nach links ins Dickicht kommt bereits nach knapp 100 m. Kurz danach verlässt man den dichten Wald und biegt rechts auf einen festen Wanderweg ab. Dieser Wanderweg führt einen

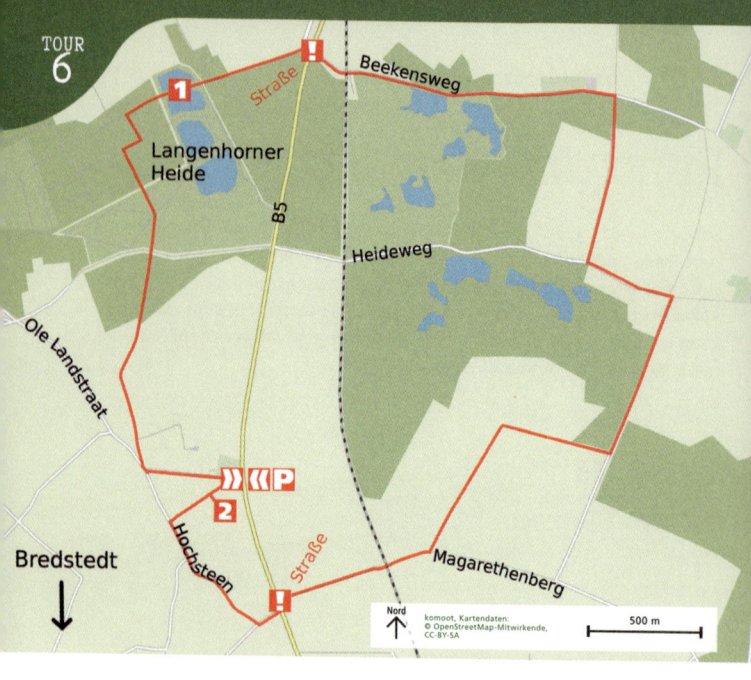

direkt durch die malerisch hinter einem Birkenhain gelegenen 1 Fischteiche. Besonders der rechte Teich ist gut geeignet, um Hunden ein erfrischendes Bad zu ermöglichen. Hier können sich die Vierbeiner nach dem ersten Drittel der Tour stärken und ausgiebig trinken. 500 m weiter kreuzt der Weg die ❗ B5, eine stark befahrene Bundesstraße. Hier muss man beim Überqueren der Straße insbesondere mit älteren und/oder etwas behäbigeren Hunden mangels Mittelinsel die leicht unübersichtliche Kreuzungssituation beachten. Der „Beekensweg" führt anschließend für 1,4 km weiter am Waldrand und an Teichen vorbei. Dann biegt man rechts in die „Dänische Meede" ab und folgt dieser für 900 m. An der T-Kreuzung angekommen, geht es nach links und an der nächsten Kreuzung nach rechts in die Straße „Ohne Namen". Dieser folgt man für weitere 660 m und schlägt dann den Weg nach rechts in den „Ost-Bordelumfeld" genannten Wirtschaftsweg ein. Dieser Weg führt nun an einigen Gehöften vorbei, die am rechten Wegesrand liegen. Weiter folgt man der scharfen Linkskurve und hält sich nach knapp 700 m an der Abzweigung rechts. Nach 200 m überquert man ein zweites Mal die Bahnstrecke, die man bereits vor gut 4 km bereits passiert hat. Hier fahren übrigens die Züge nach Hamburg und auf die Insel

Den Fernmeldeturm in Bredstedt können auch Hunde bequem erklimmen

Die Fischteiche in der Heide bieten Hunden viel Badespaß

Sylt. Auf dem „Magarethenberg" erreicht man schon bald wieder die ❗ B5. Schräg gegenüber auf der anderen Straßenseite geht es dann für kurze Zeit ins „Norderende", denn nach 200 m wird die Straße bereits wieder nach rechts verlassen. Der „Hochsteen", ein gut gestampfter und auch im Regen

Schöne Aussicht auch bei Nieselregen

bequem zu laufender Weg, geht nach 450 m in die „Ole Landstraat". Diese verlässt man nach 160 m und biegt in den Feldweg nach rechts ein. Hier empfiehlt es sich, den **2** Fernmeldeturm zu erklimmen. Anschließend sind es noch mal 700 m, um zurück bis zum geparkten Auto zu kommen.

Tipp

Der Fernmeldeturm Bredstedt befindet sich auf dem Stollberg in Bordelum. Die Übertragungsstelle für UKW, Mobil- und Richtfunk ist in diesem 108 m hohen Turm untergebracht. Als Besonderheit besitzt der Turm in 20 Metern Höhe eine Aussichtsplattform, auf die man über eine Treppe gelangt (Eintritt frei, keine Zugangsbeschränkung). Es empfiehlt sich sehr, die Aussichtsplattform des Fernmeldeturmes zu erklimmen. Breite und gepolsterte Treppenstufen machen den Aufstieg auch für Hunde bequem. Bei schönem Wetter und guter Sicht kann man bis zu den Nordfriesischen Inseln und Halligen schauen. Bei nordfriesischem Wetter ziehen die Wolken hier oben zum Greifen nah über einen hinweg und man kann dem Wetter sehr genau dabei zuschauen, wie sich Regenfronten und Tiefdruckgebiete aufbauen.

Info

🏨	kein ÖPNV
🅿️	Am Stollberg 2, Bordelum
🗺️	Kompass-Wanderkarten Nordfriesland Nord - Niebüll - Husum WK 706
🍴	Ulmenhof Hotel & Restaurant Tondernsche Straße 4 25821 Bredstedt Tel.: 04671-91810 www.ulmenhof.de
🛏️	Ulmenhof Hotel & Restaurant Tondernsche Straße 4 25821 Bredstedt Tel.: 04671-91810 www.ulmenhof.de
ℹ️	Tourist-Info Bredstedt Markt 37 25821 Bredstedt Tel.: 04671-5857 touristcenter@foni.net
➕	Kleintierpraxis Alpermann Dr. Ingo Alpermann Tondernsche Straße 1 25821 Bredstedt Tel.: 04671-933723 www.tierarzt-bredstedt.de

TOUR 7

menschenleerer Strand – Buddeln & Baden bei
Ebbe & Flut – Blick auf Leuchtturm und Halligen

Buddeln an Europas größtem Sandstrand

Hundefreundlichkeit: Am Wittdüner Kniepsand können Hunde kilometerlang umhertollen und durchs Wasser toben, ohne auf andere Hunde und deren Halter Rücksicht nehmen zu müssen. Der Strand ist so unglaublich groß, dass es – insbesondere in Wittdün – selten vorkommt, überhaupt einmal einem Menschen zu begegnen. Auch bei Niedrigwasser und tiefster Ebbe ist der Strand nie verschlammt, sondern präsentiert sich immer als feinkörniger Sandstrand. Die Route ist ein „Muss" für vierbeinige Wasserratten.

Tour-Info	↔ 8,5 km	⏱ 2 Std.	↕ 10 / 0 m
Kategorie:	mittelschwer		
Start-Ziel:	Wittdün, Kurgärtchen		
GPS:	54°37'38.1"N 8°23'58.0"E		
Markierung:	keine Markierung		
Wegecharakteristik:	60 % Strand – 26 % Wanderweg – 14 % Nebenstraßetraße		

Vom Parkplatz an der Südspitze geht man in Richtung Insel-Ende und folgt der „Oberen Wandelbahn" gen Westen. Da der Weg um die mit vielen Heckenrosen bewachsene Dünenspitze der Insel herumführt, tummeln sich längst dieser Strecke viele Hasen und manchmal auch der ein oder andere Fasan. Hunde sollten daher an der Leine bleiben. Nach 700 m kommt man an die erste, nach links zum Strand hinunterführende **1** Treppe. Bei Flut hat man auf den nächsten 350 m nur einen schmalen Streifen zwischen Strandmauer und Wasserkante zum Entlangwandern. Bei Ebbe ist dieser Streifen etwas breiter, dann tummeln sich hier manchmal allerdings auch einige Kinder aus der nahegelegenen Jugendherberge. Hinter diesem Abschnitt verbreitert sich der Strand. Bei Ebbe biegt man dann direkt hinter der Markierung des Brutgebietes links ab in Richtung Meer. Wenn man bei Hochwasser unterwegs ist, wandert man an der Wasserkante weiter

entlang, bis man fast den Spielplatz erreicht hat und biegt dann – der Wasserkante weiter folgend – links ab in Richtung Meer. Jetzt folgt man je nach Wasserstand für 1,5 bis 2 km der Markierung „Brutgebiet", die man links liegen lässt. Nach dem flachen Strandabschnitt folgen die **2** Vordünen. Achtung: Dünengras kann einem die Füße verletzten und unangenehme Schnittwunden verursachen. Hunde, die gerne Gras fressen, sollten vom Dünengras ferngehalten werden: Das scharfkantige Gras ist schwer verdaulich und kann zu inneren Verletzungen beim Hund führen. An der Wasserkante angekommen, hält man sich rechts und folgt der Wasserkante für ca. 2 km. Wer möchte, kann von hier aus immer weiter Richtung Nordwesten wandern – bis zu den Strandübergängen in Süddorf (4 km), Nebel (6,5 km) oder Norddorf (10 km / siehe auch Tour 8). Von dort kommt man mit dem Inselbus regelmäßig nach Wittdün zurück. Unsere Tour biegt allerdings rechts Richtung Norden ab und führt erneut ca. 2 km über den Kniepsand zurück zum **3** Dünengürtel. Hier erklimmt man die Dünen über die in den Boden eingelassene „Strickleiter" und rutscht auf der Rückseite durch den Sand (warm im Sommer, eher feucht im Herbst/Winter) wieder hinunter. Unten angekommen, biegt man vor dem Süßwasserteich rechts ab und folgt dem Pfad um die scharfe Linksbiegung herum für knapp 100 m bis zum 4 Bohlenweg. Achtung: Wer Barfuß läuft, sollte nun auf den groben ! Holzplanken aufpassen und sich keinen Splitter in den Fuß laufen. Jetzt folgt man dem Bohlenweg für 1,2 km nach rechts in Richtung Wittdün zurück. Am Ende des Bohlenweges, wo die „Obere Wandelbahn" beginnt, ist zur Linken auch der offizielle Wittdüner Hundestrand. Jetzt geht es entweder immer geradeaus zurück zum Ausgangspunkt der Tour oder man biegt 5 links ab in Richtung Dorfmitte und genießt im hundefreundlichen „Café Pustekuchen" ein Eis oder die einzige eckige Friesentorte der Insel. Dort angekommen, biegt man nach rechts auf die „Inselstraße" mit ihren mit kleinen Geschäften und Boutiquen. Nach knapp 900 m entlang der „Inselstraße" erreicht man wieder den Ausgangspunkt der Tour.

Am Kniepsand können Hunde sich nach Herzenslust austoben

Info

H	Inselbus Linie 1, Haltestelle „Wittdün/Fähranleger"
P	Wittdün, Parkplatz Südspitze am Ende der Inselstraße (kostenfrei)
🗺	Kompass-Wanderkarten Amrum - Föhr - Langeneß WK 705
🍴	Café Pustekuchen Inselstraße 41 25946 Wittdün/Amrum Tel.: 04682-961900 www.cafe-pustekuchen-amrum.de
🛏	Seeblick Genuss und Spa Resort Amrum Strunwai 13 25946 Norddorf/Amrum Tel.: 04682-9210 www.seeblicker.de
i	Amrum Touristik Inselstraße 14b 25946 Wittdün/Amrum Tel.: 04682-94030 www.amrum.de
✚	Henrike Janke-Reck Am Grünstreifen 7 25938 Wyk auf Föhr Tel.: 0170-2840354

Hintergrund

Der Kniepsand ist der 15 km lange und teilweise über 1,5 km breite, der gesamten Westküste der Insel vorgelagerte, Sandstrand. Bei Sturmfluten schützt der Kniepsand die Insel vor Überflutungen. Im Winter wird der Kniepsand selbst allerdings regelmäßig von hohen Sturmfluten überspült. Ende des 19. Jahrhunderts wurde sogar ein Abzweig der Amrumer Inselbahn von Wittdün durch die Dünen bis über den Kniepsand gebaut. Die Schienen und Badegebäude wurden aber gleich von der ersten Sturmflut im Winter vernichtet. Die Strecke wurde mehrfach wieder aufgebaut und schließlich aufgegeben.

TOUR 8

**Dünenparadies – Meeresrauschen –
der schönste Sonnenuntergang der Nordseeküste**

Ein Strandkorb für Hunde

Hundefreundlichkeit: Bei dieser Tour kann der Hund, bis auf den Abschnitt am Vogelschutzgebiet, völlig frei an der Wasserkante entlang toben. Aufgrund fehlender touristischer Infrastruktur kommen einem während des Großteils der Wanderung nur wenige Menschen entgegen. Beim Überqueren der Dünen zu Beginn der Tour landet man direkt am Norddorfer Hundestrand. Eine ideale Tour für Menschen, die auch während der Hochsaison abseits vom Trubel in Ruhe das Meer genießen wollen.

Tour-Info	↔ 10 km	⏱ 2,5 Std.	↕ 15 / 0 m
Kategorie:	mittelschwer		
Start-Ziel:	Norddorf, Haltestelle „Norddorf Mitte" Norddorf, Haltestelle „Minigolfplatz"		
GPS:	54°40'45.7"N 8°20'04.4"E		
Markierung:	keine Markierung		
Wegecharakteristik:	45 % Strand – 36 % Wanderweg – 15 % Straße – 4 % Nebenstraße		

Wer mit dem Bus nach Norddorf kommt, steigt an der Endhaltestelle „Norddorf Mitte" aus und biegt am gut sichtbaren Edeka-Markt rechts ab. Der kleinen Straße folgt man 270 m den Hügel hinunter bis zum Ortsausgang. Vom Parkplatz am Ortseingang sind es ca. 3 Min zu Fuß bis zum Edeka-Markt in der Ortsmitte. Am Edeka-Markt einfach geradeaus bis zum Ortsausgang weitergehen. Jetzt geht es 1 km den asphaltierten Feldweg entlang Richtung Norden. Hier kann der Hund ohne Leine laufen – Kühe und Schafe sind eingezäunt und durch Gräben rechts und links des Weges gesichert auf ihrer Weide. An sonnigen Tagen kommen einem auf diesem ersten Teilstück manchmal einige Fahrradfahrer entgegen. Sobald die Sonne verschwindet, hat man den Streckenabschnitt ganz für sich allein. In der **1** leichten Rechtskurve nach links auf den Wanderweg abbiegen und diesem für gut 300 m folgen. Am Ende des Weges, wenn

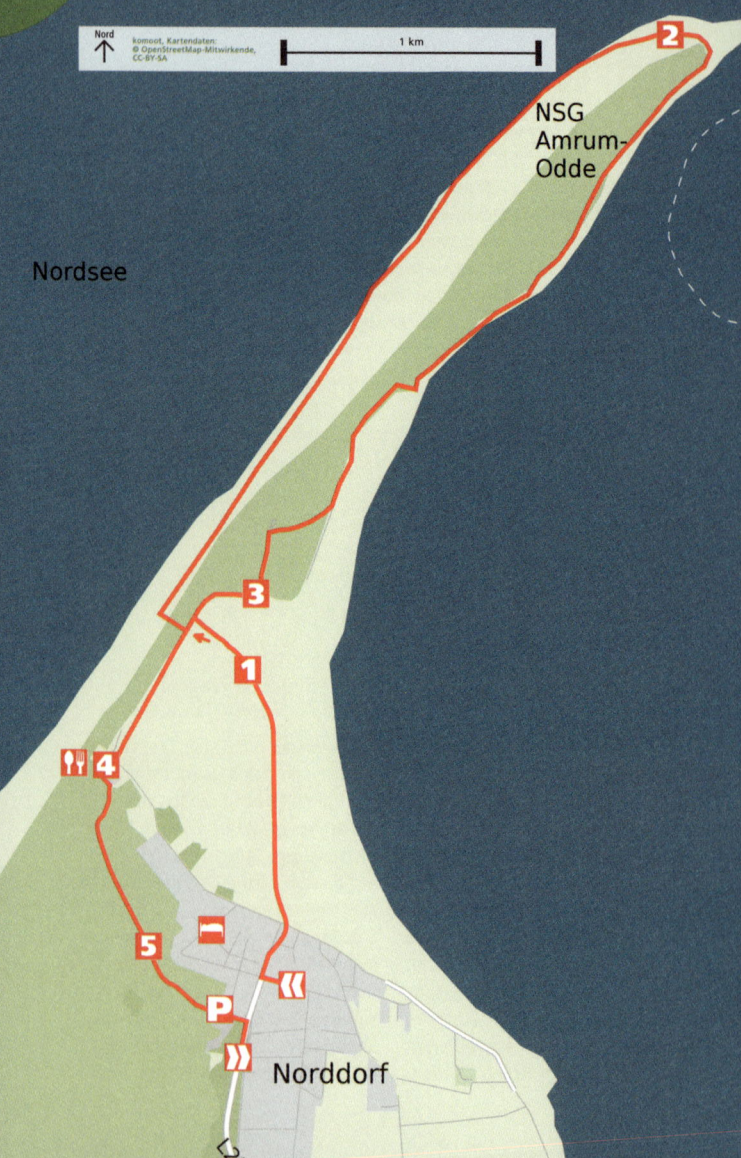

Seeluft entspannt: Am Hundestrand verstehen sich alle Vierbeiner bestens

Hund und Halter direkt vor den Dünen stehen, geht es kurz links herum, um dann nach 50 m rechts legal durch die Dünen an den Hundestrand zu stapfen. Für die kommenden 4,5 km Richtung Norden kann der Hund frei laufen und sich nach Herzenslust austoben. An diesem Ende der Insel sind selbst bei schönstem Wetter nur wenige, hartgesottene Spaziergänger und Feriengäste unterwegs. Bei bedecktem Himmel ist man komplett alleine. Wenn man die **2** Abtrennung zum Vogelschutzgebiet erreicht hat – das Schild „Rundgang" ist nicht zu übersehen –, muss der Hund an die Leine genommen werden. Nun den Schildern im Uhrzeigersinn folgen. Spannend ist die Stelle, an der

Tipp

Wer die Amrumer Nordspitze in Ruhe und ausführlicher als „nur" während einer Wanderung erkunden möchte, der kann sich auch einen Strandkorb bis fast ans Inselende bringen lassen. Die Norddorfer Strandkorbvermieter sind das sehr flexibel. Wer es nicht ganz so abgeschieden mag, der erreicht wenige 100 m zur Rechten nach dem Norddorfer Strandübergang den Hundestrand. Auch hier bringen einem die freundlichen Strandkorbvermieter gerne einen ihrer bunten Strandkörbe hin.

TOUR 8

Kilometerlange Bohlenwege sind das Amrumer Markenzeichen

das offene Meer ins Wattenmeer übergeht. Besonders beim Gezeitenwechsel lassen sich hier interessante Strömungen und Verwirbelungen im Wasser beobachten. Jetzt geht es auf der windgeschützten Seite der Dünen zurück in Richtung Norddorf. Nach knapp 2 km biegt man rechts auf den Bohlenweg ab. Dieser geht nach 350 m in einen gut begehbaren Feldweg über. Wenn man das Schullandheim nach weiteren 500 m erreicht hat, hält man sich halb links und läuft weiter Richtung Süden. Nach 250 m biegt man scharf rechts ab und folgt dem **3** Sandweg für 1 km, bis man am **4** Amrumer Naturzentrum angekommen ist. Gegenüber lädt das „Strand 33" zu selbstgemachten Burgern, der besten Inselcurrywurst und einem atemberaubenden Blick in den Sonnenuntergang ein. Nach der Stärkung folgt man dem Weg durch die Dünen – rechts am Naturzentrum vorbei – und erreicht nach 1,2 km den Parkplatz am Ortseingang von Norddorf. Ist man mit dem Bus gekommen, biegt man an der Hauptstraße rechts ab und nach wenigen Metern ist die Bushaltestelle erreicht. Wer noch einmal zurück in die Ortsmitte von Norddorf möchte, der biegt am **5** „Fleegamwai" links auf den Bohlenweg ab. Dort, wo der Bohlenweg auf die kleine Straße trifft, hält man sich weiter links und kommt nach wenigen Metern zur Fußgängerzone, dem „Strunwai".

Info

🚌	Inselbus Linie 1, Haltestelle „Norddorf Mitte"
🅿	Norddorf, Parkplatz Lunstruat am Ortseingang; von dort drei Minuten zu Fuß zum Ausgangspunkt der Tour
🗺	Kompass-Wanderkarten Amrum - Föhr - Langeneß WK 705
🍴	Strand 33 Strunwai 33 25946 Norddorf/Amrum Tel.: 04682-961555 www.strand33.de
🛏	Seeblick Genuss und Spa Resort Amrum Strunwai 13 25946 Norddorf/Amrum Tel.: 04682-9210 www.seeblicker.de
ℹ	Amrum Touristik Inselstraße 14b 25946 Wittdün/Amrum Tel.: 04682-94030 www.amrum.de
✚	Henrike Janke-Reck Am Grünstreifen 7 25938 Wyk auf Föhr Tel.: 0170-2840354

Hintergrund

Die Amrumer Odde wurde bereits 1936 als Naturschutzgebiet ausgewiesen. Das Vogelwärterhäuschen, das im selben Jahr errichtet wurde, steht noch heute dort. Zur Vermeidung eines Meeresdurchbruchs wurde 1955 an der schmalsten Stelle im Süden der Odde ein kurzer Deich in Längsrichtung errichtet. Auf der Odde brüten ca. 700 Heringsmöwenpaare, Silbermöwen, Eiderenten und Mittelsäger. Mit dem Hund kann man die Odde bequem umwandern. Nur in das Brutgebiet darf der Hund im Rahmen der angebotenen Führungen nicht mitgenommen werden.

TOUR
9

von Dunsum nach Utersum –
Hundestrand für jede Tide – romantische Inselmitte

Hundeferien in der friesischen Karibik

Hundefreundlichkeit: Der Hundestrand in Utersum ist einer der schönsten Föhrer Hundestrände. Hier wird klar, warum sich die Insel in ihrer Eigenwerbung „Friesische Karibik" nennt. Der Strand liegt relativ windgeschützt und bei schönem Wetter glitzert das Meer tatsächlich in den unterschiedlichsten Grün- und Blautönen. Ein Vorteiles dieses Hundestrandes gegenüber den anderen Hundestränden der Insel ist der, dass auch bei Ebbe immer genügend Wasser vorhanden ist, um seine Vierbeiner ausgiebig im Nass herumtollen zu lassen. Das liegt an dem wasserführenden Priel, der die Inselmitte entwässert und hier am Hundestrand ins Meer fließt.

Tour-Info	↔ 6 km	⊕ 1,5 Std.	↕ 7 / 0 m
Kategorie:	leicht		
Start-Ziel:	Dunsum, Bushaltestelle „Dunsum" Utersum, Bushaltestelle „Utersum Süd"		
GPS:	54°43'53.0"N 8°24'52.0"E		
Markierung:	keine Markierung		
Wegecharakteristik:	75 % Wanderweg – 15 % Nebenstraße – 10 % Weg		

Diese Tour startet am hinteren Inselende in dem kleinen Örtchen Dunsum. Von der Bushaltestelle „Dunsum" geht man an der Inselstraße knapp 75 m zurück und biegt in der Rechtskurve nach links in den Weg zur Gaststätte „Wattenläufer" ab, das man nach knapp 500m erreicht. Wer mit dem Auto nach Dunsum fährt, kann dieses am „Wattenläufer" abstellen. Vom Parkplatz aus geht es hinter dem Deich auf einem gut ausgebauten Feldweg entlang in Richtung Utersum. Außerhalb der Saison und/oder wenn auf dem Deich keine Schafe grasen, kann man auch wunderbar auf der Wattenseite des Deiches entlanggehen. Nach 3 km erreicht man Utersum. Hier muss man während des

TOUR
9

Buddeln, Baden, gute Laune: Am Hundestrand von Utersum

Sommers einen Schwenk nach links um das 1 Kurmittelhaus herum machen – Hunde dürfen ab da nämlich nicht an den Strand. Außerhalb der Hochsaison werden alle Augen zugedrückt und man kann hier auf eigene Verantwortung weiter am Strand entlang spazieren. Im Sommer also vor dem Kurmittelhaus scharf links und 200 m weiter rechts in die Straße „Klaf" abbiegen. Nach 500 m hält man sich erneut rechts, geht über den sandigen Parkplatz und kommt dann direkt am 2 Hundestrand raus. Hier gibt es für sandige Zweibeiner und Vierpföter eine Dusche und für die Herrchen und Frauchen einen kleinen Kiosk sowie kostenlose (und sehr gepflegte) sanitäre Anlagen.

Ab hier stehen Hund und Halter alle Möglichkeiten offen: Entweder man läuft an der Dünenkante weiter, oder man genießt ganz vorn an der Wasserkante das kühle Nass. Und wer eine kleine Pause braucht, der legt sich einfach irgendwo am Strand in den Sand und schaut seinem Hund beim Buddeln zu. Wir haben die Tour

Toben am Hundestrand macht Spaß

für weitere 1,5 km an der Wasserkante entlang fortgeführt. In der seichten Linkskurve, kurz vor dem Priel, biegt man dann links in Richtung Dünenkante und Waldrand ab. Dann erreicht man das kleine **3** Wäldchen. Hier folgt man dem Weg für 200 m, biegt scharf links ab und nach erneuten 200 m folgt man der Rechtskurve. Jetzt geht es für fast 1 km durch Felder und Wiesen zur Bushaltestelle „Utersum Süd". Der Bus (in Laufrichtung) fährt einen entweder zurück zum Ausgangspunkt (Haltestelle „Dunsum"). Oder man fährt einfach weiter, bis man wieder in Wyk ankommt – je nach dem, von wo aus man gestartet ist.

Hintergrund

Als Teil der Gemeinde „Westerland Föhr" gehörte Utersum früher zu den königlichen dänischen Enklaven und damit zum Königreich Dänemark. Die Gemeinde „Osterland Föhr" gehörte mit Wyk zum Herzogtum Schleswig. Erst durch Dänemarks Verlust von Schleswig an Preußen kam auch Utersum 1864 an Schleswig-Holstein. Utersum, Hedehusum und Goting stimmten als einzige Gemeinden bei der Volksabstimmung 1920 mehrheitlich für einen Wechsel nach Dänemark. Weil sie aber zu Weit von der späteren Grenze entfernt lagen, blieben sie bei Deutschland.

Tipp

Diese Tour ist als „One-Way-Wanderung" angelegt. Man erreicht sowohl den Start- als auch den Zielpunkt bequem und regelmäßig mit dem Föhrer Inselbus. Wer, anstatt in den Bus zu steigen, am Ende dieser Tour weitergehen und den Ausgangspunkt zu Fuß erreichen möchte, nimmt bis Utersum den Fußweg entlang der Straße und biegt kurz hinter der Ortsmitte links in den „Haalweg" ein und folgt diesem für etwas mehr als 1 km. Dann links in den „Koogweg" und diesen 300 m bis zum Ende entlang gehen. Danach rechts auf den Weg vor dem Deich abbiegen und nach 1 km ist man wieder am „Wattenläufer" angekommen.

Info

H Inselbus, Linie 1 oder 2, Haltestelle „Dunsum" (Start der Tour); Haltestelle „Utersum Süd" (Ende der Tour)

P Parkplatz an der Kneipe „Zum Wattenläufer" in Dunsum.

Karte Kompass-Wanderkarten Amrum - Föhr - Langeneß WK 705

Gastronomie „Zum Wattenläufer"
Großdunsum
25938 Dunsum/Föhr
Tel.: 0171-1133628
www.wattenlaeufer.com

Unterkunft Ferienhaus Wattlöper
Großdunsum 18
25938 Dunsum/Föhr
Tel.: 05724-7904
www.ferienhaus-watt-loeper-foehr.de

i Föhr Tourismus GmbH
Feldstraße 36
25938 Wyk auf Föhr
Tel.: 04681-300
www.foehr.de

+ Henrike Janke-Reck
Am Grünstreifen 7
25938 Wyk auf Föhr
Tel.: 0170-2840354

schneidige Windräder – starke Winde – freie Flächen

James Bond in Nordfriesland

Hundefreundlichkeit: **Bei dieser Wanderung handelt es sich um eine sehr hundefreundliche Tour. Die Vierbeiner können bis auf die gut 500 m Fußweg entlang des „Desmerciereskoogs" frei und ohne Leine laufen. Das Wasser in den Sielen und Gräben ist allerdings nicht überall an der Strecke für Hunde zum Trinken geeignet .**

Tour-Info	↔ 6 km	⏲ 1,5 Std.	↕ 4 / 1 m
Kategorie:	leicht		
Start-Ziel:	Struckum, Mühlenweg, letztes Gehöft auf der rechten Seite		
GPS:	54°35'20.3"N 8°59'20.8"E		
Markierung:	keine Markierung		
Wegecharakteristik:	35 % Weg – 33 % Straße – 31 % Wanderweg		

Die Tour beginnt mit einem kurzen Fußweg von ca. 40 m auf dem „Mühlenweg". Dann biegt man links auf den Weg „Breklumer Koog" ab. An der ersten Abzweigmöglichkeit hält man sich rechts, um für knapp 1 km Richtung Südwesten zu wandern. Erreicht man die Kreuzung, geht es auf dem Pharisäerstieg weiter geradeaus. Nach etwa 700 m laden **1** Picknickbänke und ein kleiner Tisch zur Rast ein. Wer die Tour – vielleicht, weil das Wetter schlecht wird – bereits hier abkürzen möchte, dem sei gesagt: Wer nach rechts abbiegt und parallel zum Deich entlangwandert, der muss nach knapp 600 m wieder umkehren. Am Ende des Weges versperrt ein ca. 1,5 m breiter und stark eingewachsener Graben den Weg. Für den Hund entpuppt sich dieser kleine Umweg als angenehme Abwechslung von all den Wiesen und Feldern: Im Deichgestrüpp kreucht und fleucht es – für sensible Hundenasen bestimmt eine ganz aufregende Strecke. Nicht jeder Umweg ist ein Irrweg. Ausgehend von den Picknickbänken überquert man die kleine Brücke und hält sich danach sofort links. Nun geht es 400 m parallel zum Deich weiter.

TOUR 10

Friedliche Kühe am Wegesrand

Dann muss man den Deich hochklettern. Auf der Deichkrone sieht man schräg links gegenüber das Gasthaus Diekshörn. Hier hält man sich rechts, folgt dem Fußweg für 50 m und biegt dann um die scharfe Linkskurve. Anschließend lässt man zunächst die kleine Galerie links liegen. Knapp 500 m hinter der Kurve verlässt man den „Desmercierskoog" nach rechts und wandert durch den Windpark. Der nächste halbe km ist nichts für Angsthasen, denn die **2** Windräder stehen so dicht am Weg, dass man teilweise fast direkt unter ihnen entlangläuft. Das Surren und Zischen ruft die eine oder andere nervenaufreibende Szene einiger James-Bond-Filme ins Gedächtnis. Wir haben selten mitten in der Pampa so aufregende Momente erlebt. Am Ende des Weges geht es nach rechts und nach 400 m erreicht man den **3** Deich. Nachdem dieser überquert ist, biegt man scharf links ab. Nach knapp 300 m hält man sich rechts und geht den Wirtschaftsweg entlang. Nach nicht ganz 2 km ist der Ausgangspunkt der Tour wieder erreicht.

Hintergrund

Desmercierskoog ist ein Ortsteil der Gemeinde Reußenköge. Der etwa 360 ha große Koog wurde 1767 als zweiter Koog des sogenannten „Bredstedter Werks" von Jean Henri Desmercières eingedeicht. Man vermutet, dass der Koog auf Vorschlag des eingesetzten ersten Kooginspektors nach seinem Erbauer benannt wurde. Desmercières wurde 1687 in Paris geboren und starb 1778 in Kopenhagen. Der dänische Bankier und Landreformer gilt als eines der historischen Vorbilder des Hauke Haien in Theodor Storms Novelle „Der Schimmelreiter". Darin geht es um die Lebensgeschichte von Hauke Haien, der mit seinem Schimmel die Deiche abreitet und kontrolliert. Als Hauke Haien während einer schweren Sturmflut mit ansehen muss, wie seine Frau Elke und seine Tochter Wienke von den Fluten ins Meer gerissen werden, stürzt er sich in seiner Verzweiflung mitsamt seinem Schimmel ebenfalls ins Meer.

Info

🚍	Bus 1020 von Bredstedt nach Husum, Haltestelle „Struckum Mitte"
🅿️	Mühlenweg 18, 25821 Struckum
🗺️	Kompass-Wanderkarten Husum / St. Peter-Ording - Südliches Nordfriesland WK 712
🍴	Gaststätte Deichshörn Breklumer Koog 9 25821 Breklum Tel.: 04671-2754
🛏️	Hotel Ulmenhof Tondernsche Straße 4 25821 Bredstedt Tel.: 04671-91810 www.ulmenhof.de
ℹ️	Amt Mittleres Nordfriesland Theodor-Storm-Straße 2 25821 Bredstedt Tel.: 04671-91920 www.stadt-bredstedt.de
✚	Tierarzt Ronny Gerschwitz Riddorfer Ring 30 25821 Breklum Tel.: 04671 - 800 www.tierarzt-gerschwitz.de

TOUR 11

**Husum von seiner grünen Seite –
zweimal baden und einmal Meerblick**

Die grüne, graue Stadt am Meer

Hundefreundlichkeit: Diese Tour ist schon allein deshalb eine ausgesprochen hundefreundliche Tour, weil die Vierbeiner an zwei Stellen baden und sich mit frischem Wasser versorgen können.

Tour-Info	↔ 8 km	◷ 2 Std.	↕ 28 / -1 m
Kategorie:	mittelschwer		
Start-Ziel:	Soltbargen, Husum		
GPS:	54°29'33.3"N 9°02'20.9"E		
Markierung:	keine Markierung		
Wegecharakteristik:	32 % Nebenstraße – 29 % Weg – 28 % Wanderweg – 12 % Straße		

Bei dieser Tour parkt man quasi direkt am Wanderweg. Keine 10 m, nachdem das Auto abgestellt wurde, geht es rechts in den kleinen, bewachsenen Weg zwischen den letzten Häusern der Siedlung vorbei. Nach dem Rechtsknick kommt man an einer **1** Hundewiese vorbei. Hier kann sich der Vierbeiner nach Lust und Laune austoben und – je nach Jahreszeit durchs frisch gemähte oder hoch aufgeschossene Gras – stöbern. Nach knapp 500 m, am Ende des Weges, geht es nach links auf einen Feldweg, dem man für 150 m folgt. Danach überquert man zunächst einen kleinen Bach und biegt dann wieder links ab und wandert für etwa 600 m gen Westen. Am Ende des Weges hält man sich halb rechts, überquert den Parkplatz und folgt der gepflasterten Anliegerstraße durch die Siedlung. In der Rechtskurve, die dieses Sträßchen nach 400 m macht, geht es nach links und für 200 m den „Ole Karkensteg" entlang. Am Ende angekommen hält man sich rechts und folgt der „Alten Landstraße" für knapp 700 m, bevor man schräg links in den Wald abbiegt. Hier kommt nach ein paar 100 m ein kleines Hunde-Highlight: ein **2** Teich zur Abkühlung und zum Trinken. Wenn sich Hund und Herrchen abgekühlt, bzw. ein bisschen

TOUR 11

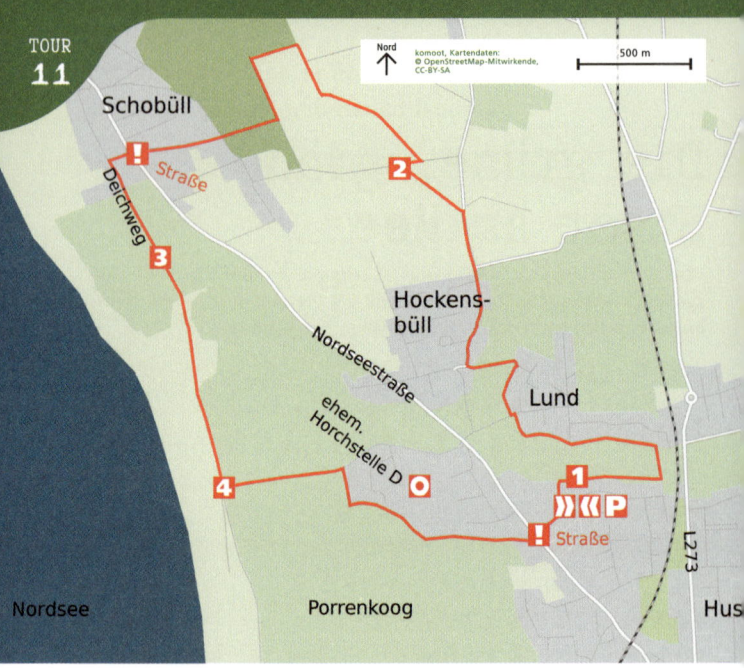

entspannt haben, geht es rechts herum auf den „Tykisberg" und dann nach gut 100 m gleich wieder scharf links in den Waldweg hinein. An der Biegung hält man sich rechts und folgt dem Hauptwanderweg für 230 m. Nun heißt es „links herum" und an der nächsten Abbiegung noch einmal „links herum". Bei der nächsten Möglichkeit geht es rechts in einen kleinen Waldweg hinein. Auf diesem idyllischen Weg läuft man immer weiter gen Westen und überquert dabei die „Nordseestraße". Anschließend geht es an der nächsten Kreuzung – am Haus der Freiwilligen Feuerwehr „Schobüll" – links auf den „Deichweg". Nach 700 m bietet sich ein herrliches Panorama in Richtung Meer. Hier lohnt es sich, anzuhalten und die von See heranwehende frische, salzhaltige Luft tief einzuatmen. Weiter dem Weg folgend, kommt ein Gatter und je nach Jahreszeit weiden dahinter eventuell Schafe. Noch einmal 950 m weiter erreicht man den Bachlauf, an dem sich der Hund kurz erfrischen kann, bevor es links am „Porrenkoog Sielzug" entlanggeht. Nach einem knappen halben km hält man sich rechts, nach weiteren 170 m geht es links in den „Süderwungweg". Hinter den hochherrschaftlichen Villen verbirgt sich in zweiter Reihe, quasi unter Ausschluss der Öffentlichkeit, die ehemalige „Horchstelle D" des Bundesnachrichtendienstes. Wenn man die lauschige Straße 900 m weiter entlanggewandert ist, muss noch einmal die ❗ Nordseestraße überquert werden, bevor es schräg gegenüber wieder in den „Soltbargen" geht. Dort kommt man nach 160 m wieder am Startpunkt der Tour an.

Hintergrund

Der Bundesnachrichtendienst (BND) betrieb in Husum bis 2008 unter dem Tarnnamen „Bundesstelle für Fernmeldestatistik" am verlängerten Porrenkoog die „Horchstelle D", eine Abhöreinrichtung für den Nachrichtenverkehr im sogenannten „Neptun Seehaus".

Tipp

Auch wenn Husum heute noch immer als „Graue Stadt am Meer" herhalten muss (und das, obschon die meisten gar nicht wissen, dass Theodor Storms Gedicht am Ende sogar vom Zauber der Jugend und einer lächelnden Stadt spricht), ist die Stadt vor allem längs des Tidehafens bunt und interessant anzuschauen. Viele kleine und exklusive Geschäfte laden zum Bummeln und Verweilen ein und die allermeisten von ihnen sind ausgesprochen hundefreundlich. Wenn die Flut kommt, füllt sich das Hafenbecken und verändert die ganze Atmosphäre.

Info

🚌	Bus 1051 von Husum nach Hattstedt Kirche, Haltestelle „Soltbargen I"
🅿️	Soltbargen 15, Husum, gegenüber Warthesteig
🗺️	Kompass-Wanderkarten Husum/St. Peter-Ording - Südliches Nordfriesland WK 712
🍴	Fischhaus Loof Kleikuhle 7 25813 Husum Tel.: 04841-2034 www.fischhausloof.de
⛔	Pharisäerhof Elisabeth-Sophien-Koog 3 25845 Nordstrand Tel.: 04842-353 www.pharisaeerhof.de
ℹ️	Tourismus und Stadtmarketing Husum GmbH Großstraße 27 25813 Husum Tel.: 04841-89870 www.husum-tourismus.de
➕	Tierarzt Ronny Gerschwitz Riddorfer Ring 30 25821 Breklum Tel.: 04671 - 800 www.tierarzt-gerschwitz.de

Saftiges grün und schattige Wälder

**Nordstrand von seiner schönsten Seite –
ruhige Tour (nicht nur) für schlechtes Wetter**

Kurz vor Pellworm ab in den Westen

Hundefreundlichkeit: Diese Tour zeigt sich vor allem außerhalb der Hochsaison oder bei typisch norddeutschem Wetter hundefreundlich. Denn dann sind weder Schafe, Drachenflieger noch viele Touristen hier oben unterwegs. Ein weiteres Hunde-Highlight ist der große Teich am Kurhaus.

Tour-Info	↔ 8 km	⏱ 1,5 Std.	↕ 2 / -1 m
Kategorie:	leicht		
Start-Ziel:	Nordstrand, Am Kurhaus		
GPS:	54°30'19.5"N 8°49'42.0"E		
Markierung:	keine Merkierung		
Wegecharakteristik:	43 % Straße – 29 % Nebenstraße – 28 % Weg		

Die Tour startet direkt mit einem kleinen ersten Hunde-Highlight: Nach dem Verlassen des Parkplatzes in Richtung Kurhaus passiert man einen kleinen **1** See. Hier ist zwar Angeln und Baden offiziell verboten, für Hunde ist der See allerdings ein wahres Paradies. Wenn die Vierbeiner sich abgekühlt haben, geht es auf dem Fußweg noch 700 m weiter, bevor man links in die Fischersiedlung einbiegt. Hier geht man die kleine Straße entlang und erreicht schon bald eine Linkskurve. In dieser Kurve befindet sich ein **2** Bauernhof, wo in einem kleinen Holzregal an der Straße selbstgemachte Marmelade und selbsthergestellten Honig verkauft werden. Das Quittengelee und der Sommerblütenhonig sind eine kleine süße Sünde wert; bezahlt wird mit der „Kasse des Vertrauens". Mit süßem Marschgepäck geht es nun auf den Mitteldeich. Hat man die T-Kreuzung in Alterkroog erreicht, biegt man rechts in den „Kreuzweg" ab und erreicht nach 800 m **3** die Siedlung Westen. Neben „Welt", „Kotzenbüll", und „Oha" ein weiteres nordfriesisches Dorf mit kuriosem Namen. Nun noch 250 m durch Westen, dann geht es parallel zur „Hörnstraße" den Deich hinauf. Oben kann man die herrliche Aussicht

auf den frisch gemähtem Rasen genießen. Dieser Teil des Deiches ist Schaffrei und den Feriengästen vorbehalten, die in den Strandkörben sitzen und das herrliche Nordseepanorama genießen. Nach 700 m macht der Deich einen leichten Rechtsbogen. Hier wechselt der Wind vom Rückenwind ins Gegenteil (oder andersherum, je nach dem, aus welcher Richtung der Wind kommt). An diesem 4 stürmischen Platz spürt man die Elemente nicht nur bei nieseligem Wetter. Auch bei schönem, warmem Sommerwetter merkt man die Kraft, die der Wind entwickelt. Glücklicherweise gibt es die Möglichkeit, je nach Windstärke und -richtung, vor, auf oder hinter dem Deich zu wandern. Egal auf welcher Seite es weitergeht: Nach weniger als 2 km erreicht man den 5 Fährhafen Strucklahnungshörn. Hier kann man den Pellworm-Fähren beim Ein- und Auslaufen zuschauen, zweimal am Tag die „Adler Express" beobachten, wenn sie zu den Halligen, Amrum und Sylt ablegt und selbstverständlich kann man im Hafen auch frische Krabben kaufen – zum Selberpulen natürlich. Wer genug gesehen und gehört hat, geht 140 m weiter den Deich entlang und nimmt in der Linkskurve die Treppe nach rechts auf und über den Deich. Jetzt folgt man dem gepflasterten Spazierweg rund um den begrünten Parkplatz, bis man wieder den Fußweg an der „Alterkoogchaussee" erreicht. Diesen nimmt man dann nach rechts abbiegend und folgt ihm 1,5 km zurück zum Ausgangspunkt unserer Tour.

Tipp

Bei Redaktionsschluss waren die Deicherneuerungsarbeiten noch nicht abgeschlossen. Das wird ab Herbst 2016 der Fall sein. Und dann kann man wieder mit bestem Meerblick vom Hafen Strucklahnungshörn zurück zum Parkplatz am Kurhaus wandern. Der neue Deich wird Schleswig-Holsteins modernster und technisch anspruchsvollster Deich. Die Bauarbeiten werden bis Herbst 2016 dauern. Der Klimaschutz-Deich ist im Vergleich zu einem herkömmlichen Deich etwas höher und zum Meer hin sehr viel breiter. Dadurch soll er auch für Folgen des Klimawandels gerüstet sein.

Info

🚌	Bus 1047, Haltestelle „Nordstrand Norderhafen"
🅿	Parkplatz am Kurhaus von Nordstrand
🗺	Kompass-Wanderkarten Husum / St. Peter-Ording - Südliches Nordfriesland Wk 712
🍴	Pharisäerhof Elisabeth-Sophien-Koog 3 25845 Nordstrand Tel.: 04842-353 www.pharisaeerhof.de
🛏	Pharisäerhof Elisabeth-Sophien-Koog 3 25845 Nordstrand Tel.: 04842-353 www.pharisaeerhof.de
ℹ	Tourismus-Service Nordstrand Herrendeich 21 25845 Nordstrand Tel.: 04842-901833 www.touristinfo-nordstrand.de
✚	Tierarzt Joachim Becker Schaapsdrift 2 25840 Nordstrand 04842-460

Hundestrand – Deichkraxeln – rund ums Arlau-Speicherbecken

Zu Gast bei den Pharisäern

Hundefreundlichkeit: Diese Tour ist von ihrer Beschaffenheit für Hunde jeder Größe und jeden Alters geschaffen. Wiesen, Tümpel, ein Hundestrand und die Nordsee bieten Vier- und Zweibeinern eine schöne Abwechslung. Wem die kompletten fast 20 km zu lang sind, der steuert einfach den Hundestrand an und lässt dort ein wenig die Seele baumeln. Einzig ein kleines Wegstück auf dem Deich wird im Sommer von Schafen bewohnt.

Tour-Info	↔ 19 km	⏲ 4 Std.	↕ 6 / 2 m
Kategorie:	mittelschwer		
Start-Ziel:	Elisabeth-Sophien-Koog, Parkplatz vorm Strandkorbbistro am Holmer Siel		
GPS:	54°31'36.4"N 8°52'17.2"E		
Markierung:	keine Markierung		
Wegecharakteristik:	54 % Weg – 37 % Wanderweg – 9 % Straße		

Diese Tour spiegelt ein bisschen die nordfriesische Weite und Beschaulichkeit wieder. Und so ist es nicht verwunderlich, dass die ersten gut 4 km nichts Aufregendes passiert. Hund und Halter stapfen hier gegen den Wind an (der trotz einer „Runde" immer von vorn kam) und genießen es, dass selbst im Hochsommer absolut nichts los ist. Spätestens 800 m nach dem Kiosk am Parkplatz geben die meisten auf und setzen sich lieber in den Strandkorb und genießen die Sonne. Also Zeit, die Ballschleuder rauszuholen und den Hund ein bisschen den Deich entlang zu scheuchen. Kurz hinter der **1** Lorenbahn, die raus zur Hallig Nordstrandischmoor fährt, geht es rechts den Deich hoch, auf der Rückseite wieder herunter und für knapp 4 km den Wirtschaftsweg landeinwärts. Hier ist noch weniger los als direkt am Wasser und auch hier kann der Hund – ohne die Anwesenheit von Schafen oder Kühen – die nordfriesische Flora erkunden. Beim Erreichen des **2** Hinterlanddeiches biegt

Die Lore ist die einzige Möglichkeit, trockenen Fußes auf die Hallig Nordstrandischmoor zu kommen

man scharf links ab und wandert nun (festes Schuhwerk!) für 3,8 km auf der Deichkrone entlang. Hier geht es wesentlich langsamer voran, da der Deich sehr ausgetreten und holprig ist. Spätestens beim Erreichen des **3** kleinen Sperrwerks wird es wieder entspannter: Hinter dem Gatter haben die Schafe nix zu suchen. Achtung: Nehmen Sie bitte nicht die vermeintliche Abkürzung nach gut 3 km. Die führt ins Nichts und Sie müssen nach knapp 2 km wieder

Tipp

Der Pharisäerhof blickt auf eine langjährige Tradition zurück. Es ist sogar historisch belegt, dass die nordfriesische Spezialität „Pharisäer" ihren Ursprung unter diesem Reetdach hatte. Seit 1743 wurde das Gasthaus über viele Generationen im Familienbesitz geführt.

TOUR 13

Steigt die Flut, schwimmen die Boote am Duckdalben auf

umkehren. Jetzt geht es also links herum und direkt über den Deich wieder zurück in die erste Reihe ans Meer. Dort kommt man nach knapp 800 m an eine kleine **4** Marina. Die hohen Pfähle und die bei Ebbe tief im Schlick liegenden kleinen Segelboote bilden einen reizvollen Kontrast und führen einem sehr deutlich vor Augen, wie hoch der Tiedenhub hier an der Küste ist. Leider darf das kameraüberwachte Gelände nicht betreten werden, der Hund muss sich also noch ein wenig gedulden, bis er ins Wasser (bei Flut) oder zumindest an den Strand kann. Den Lüttmoorsee links liegen lassend, geht es nun (erstaunlicherweise noch immer mit Gegenwind) wieder in Richtung Lorenbahn zurück. Nach 3,7 km erreicht man dann den **5** Hundestrand. Der ist allerdings sehr stark tideabhängig und wenn tiefstes Niedrigwasser vorherrschen sollte, artet das Toben am „Strand" eher ins Schlickrutschen aus. Jetzt heißt es „Endspurt". Nur noch flotte 4,5 km den Deich entlanggewandert und dann ist man wieder am Auto angekommen.

Info

H	kein ÖPNV
P	Parkplatz vor dem Strandkorbbistro am Holmer Siel in Elisabeth-Sophien-Koog. Bitte unbedingt den freiwilligen Euro in den Parkautomaten stecken und nicht die nordfriesische Gastfreundschaft ausnutzen!
🗺	Kompass-Wanderkarten Husum / St. Peter-Ording - Südliches Nordfriesland Wk 712
🍴	Pharisäerhof Elisabeth-Sophien-Koog 3 25845 Nordstrand Tel.: 04842-353 www.pharisaeerhof.de
🛏	Pharisäerhof Elisabeth-Sophien-Koog 3 25845 Nordstrand Tel.: 04842-353 www.pharisaeerhof.de
i	Tourismus-Service Nordstrand Herrendeich 21 25845 Nordstrand Tel.: 04842-901833 www.touristinfo-nordstrand.de
✚	Tierarzt Joachim Becker Schaapsdrift 2 25840 Nordstrand 04842-460

Treene Sommerdeich – mystisches Hochmoor

Schwabstedt und das Wilde Moor

Hundefreundlichkeit: Es gibt viele Möglichkeiten für die Tiere zu baden und im Sommer kommt man immer wieder durch schattige Abschnitte, die zum Verweilen einladen. Direkt an der Treene und im Moor kommen Spürnasen auf ihre Kosten. Beim Abschnitt durchs Moor sollte man aufpassen, dass der Hund sich nicht im schlammigen Torf wälzt. Kleine Hunde müssen die 1,5 km am Deich aufgrund des teilweise sehr hohen Grases eventuell getragen werden.

Tour-Info	↔ 10,5 km	⏱ 2,5 Std.	↕ 1 / -1 m
Kategorie:	mittelschwer		
Start-Ziel:	25887 Winnert, Moorchaussee 9		
GPS:	54°25'31.7"N 9°14'49.9"E		
Markierung:	keine Markierung		
Wegecharakteristik:	37 % Wanderweg – 33 % Weg – 30 % Straße		

Bei dieser Tour haben wir uns entschieden, abseits der Touristenparkplätze zu parken und die Wanderung direkt an der Grenze zum Naturschutzgebiet zu starten. Hund und Halter folgen also, nachdem das Auto geparkt wurde, dem Weg zu Fuß für 300 m. Dann schlägt man links den Wanderweg ein und biegt an der nächsten Möglichkeit rechts ab. Vorher empfiehlt es sich allerdings, einen Blick auf die interessante und ausführliche Hinweistafel über die Geschichte und die Beschaffenheit des Wilden Moores zu werfen. Wer genug gelesen hat, folgt nun der „Moorchaussee" für knapp 1,5 km. Dann erreicht man einen Feldweg, in den man links einbiegt und für 2,2 km entlangwandert. Das letzte Stück des Weges führt durch ein kleines Wäldchen – ein schöner Wetterschutz bei Regen und allzu großer Hitze. Nach dem Durchqueren des Hains biegt man am Waldrand nach rechts auf den Waldweg ab und und erreicht nach einiger Zeit das **1** Sielhäuschen an der Treene. Nun geht es über den

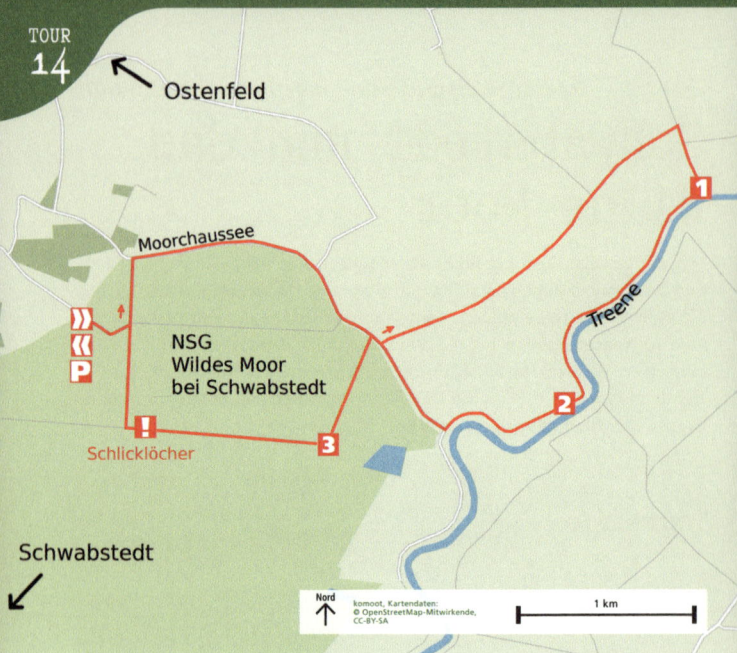

Hintergrund

Das Wilde Moor bei Schwabstedt stellt mit seinen Hochmoorflächen eine Besonderheit in der sonst von Niedermooren geprägten Eider-Treene-Sorge Region dar. Das Moor wurde im 19. Jahrhundert entwässert und abgetorft. Mit der Renaturierung des Wilden Moores seit Beginn der 1980er-Jahre wurden die Moorflächen nicht mehr als Weide genutzt. In der zweiten Hälfte des 20. Jahrhunderts errichtete man auf beiden Uferseiten der Treene einen Deich. Der Abstand zwischen den Deichen beträgt etwa 300 m. Gibt es ein Hochwasser, dient das Wilde Moor als Überlaufgebiet.

Sommerdeich für 1,5 km den Flusslauf in Richtung Südwesten entlang. Hier muss je nach Jahreszeit entschieden werden, ob man auf dem Deich oder unten am Wasser läuft. Es waren zwar keine Schafe auf dem Deich und dem Vordeich. Da die Gräser hier teilweise gut 50 cm hoch standen, könnte es sein, dass kleinere Hunde die Strecke am Deich entlanggetragen werden müssen. Wenn man nach 1,5 km die 2 kleine Stufe über den Zaun erreicht hat, verlässt man den Deich halb rechts und geht vorsichtig hinunter auf den Fahrweg. Auf dem gepflasterten Weg folgt man dem Bogen der Treene, bis man den Priel erreicht. Dann geht es nach rechts zurück auf die „Moorchaussee". Dieser folgt man für 700 m, passiert dabei die bereits bekannte Abzweigung nach rechts, hält sich aber kurz dahinter links, um

Ruhe und Erholung genießen am Sommerdeich der Treene

in den Wald abzubiegen. Den Waldweg läuft man für 600 m bis zu einer **3** Abzweigung nach rechts: Hier geht es ins Moor. Die ersten Meter des nun anstehenden 1,2 km langen Hindernisparcours bestehen noch aus Gras und fester Erde. Je weiter man dem Weg durch das Moor folgt, desto stärker und dichter wird der Bewuchs. Beim Navigieren um die Büsche herum kann es passieren, dass man sich nasse Füße holt. Durch den hohen

Tipp

Wer Lust auf ein Picknick ohne Menschen und Mücken, dafür aber mit einer wunderbaren Aussicht hat, dem sei der Platz am Sielhäuschen empfohlen. Hier kann der Hund umhertollen, sich in der Treene abkühlen und baden. Die Schafe auf der anderen Flussseite sind in unerreichbarer Ferne. Da der Wanderweg ab hier etwas mühsam wird, kann man die folgenden km fast immer alleine mit seinem Hund genießen.

Info	
🅗	kein ÖPNV
🅟	in Winnert, am Ende der Moorchaussee, Eingang zum Naturschutzgebiet
🗺	Kompass-Wanderkarten Husum / St. Peter-Ording - Südliches Nordfriesland Wk 712
🍴	Hotel zur Treene An der Treene 5 25876 Schwabstedt Tel.: 04884-210 www.hotel-zur-treene.de
🛏	Hotel zur Treene An der Treene 5 25876 Schwabstedt Tel.: 04884-210 www.hotel-zur-treene.de
ℹ	Treene Tourismus Schwabstedt u.U. e.V Kirchenstraße 10 25876 Schwabstedt Tel.: 4884-420 (Mo.-Fr. 10:00 - 12:00 Uhr) www.fvv-schwabstedt.de
✚	Tierarztpraxis Prof. Dr. Stefan Krüger Fritz-Jebe-Str. 19 25872 Ostenfeld (Husum) Tel.: 04845-1499 www.tierarztpraxis-krueger.de

Grundwasserspiegel ist der Weg auch bei trockenen Wetterlagen mitunter feucht bis nass. Mit einem Auge sollte auch der Hund im Blick behalten werden. Nicht immer ist ersichtlich, ob die Moorwiesen zu beiden Seiten des Weges nur feucht und matschig sind oder aber ❗ gefährliche Schlicklöcher aufbieten. Am Ende des Weges – am Infoplatz – biegt man nach rechts auf den Wanderweg und kommt nach gut 500 m an die Abzweigung, die einen nach links zurück zum Auto bringt.

TOUR
15

Leuchtturm Westerheversand –
Salzwiesenabenteuer – Picknick mit Blick

Über Stockenstieg und Stein

Hundefreundlichkeit: Besonders im Herbst und bei nicht ganz strahlendem Sonnenschein spielt diese Tour ihre Vorzüge aus. Ohne Sonne: (fast) keine Touristen. Ohne Sommer: keine Schafe. Dann stapft man mit seinem Vierbeiner fast alleine über den Salzwiesenweg und hat ausreichend Zeit, den berühmten Leuchtturm zu fotografieren. Besonders die mittlere Wegstrecke, abseits vom Deichwirtschaftsweg durch die Salzwiesen ist für aufregend schnuppernde Hundenasen ein Fest. Und sollte die Sonne doch mal von Himmel brennen, bieten die geräumigen Picknicktische direkt am Fuße des Leuchtturms für die Vierbeiner eine schattige Möglichkeit, sich auszuruhen.

Tour-Info	↔ 5,5 km	⏱ 1 Std.	↕ 2 / -1 m
Kategorie:	leicht		
Start-Ziel:	Westerhever, Infohus vom Tourismusverein		
GPS:	54°23'02.5"N 8°39'12.1"E		
Markierung:	keine Markierung		
Wegecharakteristik:	75 % Weg – 17 % Straße – 7 % Wanderweg – 1 % Nebenstraße		

Vom Parkplatz mit Hundetränke und kleinem Kiosk geht es zunächst in Richtung Deich. Bereits nach 120 m biegt man links in die Straße „Leikenhusen" ein. Man folgt dem Sträßchen bis zum Ende und biegt dann links auf den „Süderdeich". Den verlässt man bereits nach 200 m und geht die leichte Steigung nach rechts auf den Deich hinauf. Dort angekommen sollte man ein wenig innehalten und das herrliche **1** Deichpanorama genießen. Das Panorama präsentiert sich auch bei nicht-blauem-Himmel- und-Sonnenschein-Wetter. Dann kann man den Wolkenbergen quasi aus der ersten Reihe dabei zuschauen, wie sie immer neue Kunstwerke formen. Und wenn ein Sturmtief im Anmarsch ist, erkennt man von dieser Position

Altes Dorf mit großer Tradition

wunderbar die dunkle Wetterwand, die auf einen zugeschoben kommt. Jetzt heißt es scharf rechts Richtung Nordwesten abbiegen und dem seeseitig des Deiches verlaufenden Deichwirtschaftsweg folgen. Nach einem knappen km hat man die **2** Abzweigung nach links in die Salzwiesen erreicht. Der gepflasterte Weg macht nach 500 m einen scharfen Linksknick, dem man folgt. Wer Lust hat, geradeaus weiterzugehen, kann das machen. Nach gut 200 m erreicht man die ⭕ Wasserkante oder den Schlick – je nach dem, welche Tide gerade vorherrscht. Der Weg ist es allemal Wert, zumal Hundenasen immer aufgeregter werden, je dichter sie in Richtung Meer kommen. Wenn man nun – im ersten Anlauf oder nach einem Ausflug in die Sackgasse – den links abbiegenden Weg für 1 km entlanggeht, erreicht man eine **3** kleine Bank. Hier kann man sehr bequem seine Wanderutensilien abstellen und den ⭕ Leuchtturm Westerheversand fotografieren. Anschließend

Tipp

Der 45 cm breite, mit Ziegeln geklinkerte Weg vom Leuchtturm zum eingedeichten Festland ist der sogenannte „Stockenstieg". Er führt über drei Brücken durch das Salzwiesen-Vorland und ist rund 1 km lang. Bis 1981 war der Stieg die einzige Möglichkeit, den Leuchtturm Westerheversand über einen befestigten Weg zu erreichen. Während sich früher sogenannte „Stockrichter" um die Pflege und Beaufsichtigung des Stiegs kümmerten, setzt sich heute ein Förderverein für den Erhalt ein.

Werbung

Für alle Felle
trocken und sauber in wenigen Minuten

dryup®
cape
the original

Der Hundebademante

Das ORIGINAL - DRYUP Cape

- 100 % Baumwoll-Frottee
- saugt Feuchtigkeit & Schmutz auf
- Antistatisc

by actionfactory

folgt man dem Weg für weitere 300 m, geht am Leuchtturm vorbei und hat die Möglichkeit, an den 4 geräumigen Picknicktischen eine Rast einzulegen. Durch die hinter einem liegende Warft wird man hier vor allzu starkem Wind geschützt. Wenn es weitergehen soll, nimmt man von September bis Juni den Weg zurück bis zur 2 Abzweigung. Von Juni bis September hingegen kann man durch das dem Picknickplatz gegenüberliegende Gatter gehen und dem nur 45 cm breiten, geklinkerten Fußweg folgen. Nach 1 km, vielen Kurven und drei Brückenüberquerungen hat man dann den Deichwirtschaftsweg erreicht. Hier biegt man links ab (ja, diesen Teil des Weges sind Sie vorhin schon einmal entlanggegangen) und folgt dem Weg 500 m erneut in Richtung Norden. Dann hält man sich halb rechts und geht die Auffahrt auf den Deich hinauf bis man nach 300 m den 5 Deichübergang erreicht. Jetzt ist es fast geschafft: Der Parkplatz ist nur noch 250 m entfernt: Einfach den „Ahndelweg" nach rechts nehmen.

Hintergrund

Der Leuchtturm Westeheversand wurde 1906 gebaut und ist ein See-, Quermarken- und Leitfeuer. Die Feuerhöhe beträgt 41 m, die Bauwerkshöhe 40 m. Das Licht trägt ca. 39 km weit. Die indirekte Sichtbarkeit des Lichtscheins beträgt sogar mehr als 55 km. Bei klarer Sicht ist er sogar noch auf Helgoland auszumachen. Heute ist er der am häufigsten fotografierte Leuchtturm der deutschen Nordseeküste.

Wer seinem Hund nach dem Spaziergang an der frischen Nordseeluft etwas Gutes tun möchte, sollte das kleine aber sehr feine St. Peter-Ordinger Geschäft „Hund von Eden" (Im Bad 10, 25826 St. Peter-Ording, www.hundvoneden.de) besuchen. Dort gibt es sehr hochwertige und vor allem nordseetaugllich-robuste Hunde-Accessoires sowie Snacks und Futter. Dajana und Sebastian Crantz und sein Team freuen sich auf jeden vier- und zweibeinigen Besuch.

Info

🚌	Bus 1073 oder 1080, Haltestelle „Westerhever Leuchtturm"
🅿️	Westerhever, Parkplatz am Infohus, Ahndelweg 4
🗺️	Kompass-Wanderkarten Husum/St. Peter-Ording - Südliches Nordfriesland WK 712
🍽️	Gasthof Kirchspielkrug Westerhever Dorfstraße 7 25881 Westerhever Tel.: 04865-90143 www.kirchspielkrug.de
🛏️	Pension Wiese Westerhever Straße 23 25881 Westerhever Tel.: 04865-390 www.pension-wiese.de
ℹ️	Tourismusverein Westerhever-Poppenbüll e.V. Ahndelweg 4 25881 Westerhever Tel.: 04865-1206
✚	Tierarztpraxis Dr. Wolfram Gebhardt Bövergeest 105 25826 Sankt Peter-Ording Tel.: 04863-95342

TOUR
16

rund um Tönning – historischer Hafen & Hundestand –
Multimar Wattforum

Durch den Schlosspark ohne Schloss

Hundefreundlichkeit: Auf dieser Tour stechen zwei sehr hundefreundliche Spots heraus: Zum einen der Hundestrand am Eiderdeich, zum anderen die Strecke durch den Stadtwald. Auch hier kann der Hund frei herumtoben und mit seiner Nase durchs nordfriesische Unterholz stöbern. Selbst der Deich zum Multimar Wattforum ist hundefreundlich: Die Schafe weiden hinter einem Zaun.

Tour-Info	↔ 6,5 km	⏰ 1,5 Std.	↕ 7 / 0 m
Kategorie:	leicht		
Start-Ziel:	Tönning, Parkplatz Skymarkt, Dithmarscher Straße		
GPS:	54°19'25.1"N 8°57'03.2"E		
Markierung:	keine Markierung		
Wegecharakteristik:	58 % Weg – 27 % Nebenstraße – 15 % Straße		

Vom Parkplatz des Supermarktes geht man nach links die „Dithmarscher Straße" herunter und folgt dieser für 300 m Richtung Süden. Hat man den Parkplatz erreicht, überquert man diesen, hält sich an dessen Ende rechts und betritt den Deich. Dem Deich folgt man für etwa 300 m, bis man am **1** Multimar Wattforum ankommt. Hier lohnt es sich, die mannshohen Exponate und Schautafeln in Ruhe anzuschauen. Nur kurze Zeit später erreicht man den Ortskern mit dem **2** historischen Hafen. Schon ein schönes Plätzchen, um die Zeit verstreichen zu lassen und den Museumsschiffen dabei zuzuschauen, wie sie sich im Wind leicht hin und her wiegen. Weiter geht es über die weiße Brücke ans andere Ufer des Torfhafens. Die „Schleusenstraße" für 170 m den leichten Hügel hinauf nehmend, biegt man anschließend nach rechts auf den „Eiderdeich" ab. Diesem folgt man für 900 m immer geradeaus. Am Ende macht der Weg auf dem Deich eine scharfe Linkskurve und man gelangt über eine Treppe (oder etwas weiter die Rampe) hinunter. Kurze Zeit später erreicht man

Buntes Treiben im historischen Hafen

die 3 Hundewiese. Hier wartet eine sehr gepflegte, frisch gemähte Wiese mit Kotbeutelspender und sogar einem Mülleimer (!) für die Hunde-Hinterlassenschaften. Am Ende der Hundewiese könnte man nun die „Deichgrafenstraße" noch für 1,7 km weitergehen und dann landseitig des Deiches zurück zur Hundewiese kommen. Wir haben uns dafür entschieden, auf der Deichkrone 600 m zurückzugehen und den Deich über die 4 Treppe in Richtung Stadtwald zu verlassen. Für knapp 400 m können die vierbeinigen Schnüffelspezialisten jetzt noch ein bisschen

TOUR 16

Alles, was vom Schloss übrig blieb, ist ein Modell

Kaninchenfährten verfolgen, bevor es dann auf dem Fußweg rechtsherum an der „Badallee" für 700 m zurück in den Ort geht. Kurz hinter dem Bahnübergang, am Ende der Linkskurve, biegt man rechts ab und läuft direkt auf den 5 Schlosspark zu. Am Ende des Parks schlägt man einen rechten Bogen um den Torfhafen herum und folgt der kleinen Allee an pittoresken Fischerhäusern vorbei. Anschließend geht es nach links in die „Fischerstraße". An der ersten Abzweigung geht es rechts durch den „Ehebrechergang" zum historischen Hafen. Am Ende der kleinen Allee, nach ca. 160 m, hält man sich halb links, um gleich danach rechts in die „Fischerstraße" abzubiegen. Der folgt man bis rechts die „Eiderstedter Straße" abgeht. Diese trifft nach 600 m auf die „Dithmarscher Straße". Hier biegt man links ab und nach wenigen Minuten hat man das geparkte Auto erreicht. Wer nach dem Hundespaziergang noch Lust auf „Shopping" hat, dem sei der „Hund von Eden" (Im Bad 10, 25826 St. Peter-Ording, www.hundvoneden.de) ans Herz gelegt. Hier gibt's nicht nur alles für den Hund. Die Inhaber Dajana und Sebastian Crantz verraten Ihnen bestimmt auch noch den ein oder anderen Wander-Geheimtipp rund um St. Peter-Ording.

Info

🚌	Bus 1099 bis Tönning, Haltestelle „Sky-Markt"
🅿	Tönning, Sky-Parkplatz, Dithmarscher Str. 1
🗺	Kompass-Wanderkarten Husum / St. Peter-Ording - Südliches Nordfriesland WK 712
🍴	Zum alten Anleger Am Eiderdeich 2 25832 Tönning Tel.: 04861-610240 www.zum-alten-anleger.de
🛏	Strandhotel Fernsicht Strandweg 3 25832 Tönning Tel.: 04861-617050 www.strandhotel-fernsicht.de
ℹ	Tourist- und Freizeitbetriebe Tönning Am Markt 1 25832 Tönning Tel.: 04861-61420 www.toenning.de
✚	Kleintierpraxis Reinhardt Hess Neustadt 25 25832 Tönning Tel.: 04861-610660 www.kleintierpraxis-hess.de

Tipp

Tönning hat einen sehr schönen Schlosspark, aber kein Schloss. Das Tönninger Schloss wurde in den Jahren 1580 bis 1583 unter Herzog Adolf von Schleswig-Gottorf erbaut. Nach dem Sieg der dänisch-russischen Verbündeten im Nordischen Krieg 1714 nahm der dänische König Friedrich V die Stadt Tönning und das Schloss ein. Er schleifte die Festung Tönning und ließ dabei 1735 das Schloss abreißen. Das Gebäude war seinerzeit der aufwändigste Schlossbau der schleswig-holsteinischen Westküste. Noch heute ist das einstige Schlossgelände samt Garten im Tönninger Stadtbild zu erkennen.

TOUR
17

lange Geraden – schnelle Bälle –
und ein praktischer Hundestrand

Ab ins Meer!

Hundefreundlichkeit: **Auf dieser Tour können Hunde sich richtig auspowern. Lange Geraden am Deich laden zum Rennen und Spielen ein. Zwischendurch wartet eine zwar nicht sonderlich hübsche, aber gut erreichbare Badestelle für Hunde am Wegesrand. Achtung: Bei Ebbe wird aus der Badestelle eher ein Schlammbad für Hunde.**

Tour-Info	↔ 3 km	🕒 40 Min.	↕ 6 / 1 m
Kategorie:	leicht		
Start-Ziel:	Vollerwiek, Süderdeich		
GPS:	54°16'56.5"N 8°46'48.2"E		
Markierung:	keine Markierung		
Wegecharakteristik:	48 % Weg – 47 % Wanderweg – 5 % Nebenstraße		

Vom Parkplatz Süderdeich kann man entweder direkt an der DLRG-Station über den Deich gehen. Dann werden allerdings drei Euro pro Person und Tag fällig. Wer das nicht möchte, folgt einfach – die DLRG Station im Rücken – der kleinen Straße für knapp 600 m nach links. Dann erreicht man einen legalen Deichübertritt und kommt kostenlos ins Wasser. Der Nachteil dabei ist, dass man nun – sofern man etwas Pause machen möchte – im Gras sitzen muss und sich nicht in einen Strandkorb zurückziehen kann. Nach 350 m in Richtung Norden wartet bereits die **1** Badestelle für Hunde. Hier ist absolut nichts los und die Hunde können bequem über die flachen und breiten Stufen ins Meer laufen – und man selbst natürlich auch. Es empfiehlt sich aber, vorher einen Blick in den Tidekalender zu werfen. Wenn gerade Ebbe ist, wird aus der Badestelle eher eine Hundeschlammwanne. Hinter der Badestelle geht es weiter für 400 m geradeaus. Dann gibt es zwei Möglichkeiten: Entweder man folgt dem Weg für weitere knapp 4 km, um dann die erste offizielle Möglichkeit zu nutzen, den Deich zu überqueren. Hier grasen die Schafe hinter einem Zaun. Die Wanderung verlängert sich so allerdings um gut 8 km – man muss schließlich auf der seeabgewandten Deichseite

Nicht schön, aber effektiv: Badestelle für Hunde

wieder zurück. Oder – Möglichkeit 2 – man verlässt den Deich bereits hier und biegt 300 m hinter der Deichkrone in den rechts mit Rasen bewachsenen Weg ab. Der führt einen auf die kleine Straße „Westerdeich". Hier hält man sich rechts und wandert gut 1,3 km wieder zurück zum Auto. Falls übrigens – so wie es uns geschehen ist – beim ausgiebigen Besuch der Hundebadestelle das Halsband im Wasser den Geist aufgegeben hat, empfiehlt es sich, dem St. Peter-Ordinger „Hund von Eden" (Im Bad 10, 25826 St. Peter-Ording, www.hundvoneden.de) einen Besuch abzustatten. Hier kann man sich nicht nur mit hochwertigem Hunde-Spielzeug und robusten Hunde-Accessoires eindecken, sondern auch Bello und Co. mit feinen Snacks eine Freude bereiten.

Info

🚌	kein ÖPNV
P	Gegenüber vom Imbiss Vollerwiek, Süderdeich 7
🗺	Kompass-Wanderkarten Husum / St. Peter-Ording - Südliches Nordfriesland Wk 712
🍴	StrandGut Resort Am Kurbad 2 25826 St. Peter-Ording Tel.: 04863-408968577 www.strandgut-resort.de
🛏	StrandGut Resort Am Kurbad 2 25826 St. Peter-Ording Tel.: 04863-408968577 www.strandgut-resort.de
ℹ	Tourismus Zentrale St. Peter-Ording Maleens Knoll 2 25826 St. Peter-Ording Tel.: 04863-9990 www.st-peter-ording.de
✚	Tierarztpraxis Dr. med. vet. Wolfram Gebhardt Bövergeest 105 25826 Sankt Peter-Ording Tel.: 04863-95342

Tipp

Für eine sehr hundefreundliche Übernachtung können wir das Strandgut-Resort in St. Peter-Ording empfehlen. Hundedecke, Hundenäpfe, eine feine Auswahl an Leckerlies und ein dem Hund gegenüber sehr aufgeschlossenes Personal: Das alles macht den Aufenthalt im Haus direkt am Strand zu einem für Zwei- und Vierbeiner sehr angenehmen Erlebnis.

Tipp

Wer am Hundestrand nicht von Ebbe oder Flut überrascht werden möchte, findet übrigens im Tidekalender von St. Peter Ording eine gute Übersicht. Am besten kurz mal reinklicken: www.st-peter-ording.de/gezeiten.html

TOUR 18

**Klettern, Schwimmen, Schnüffeln –
Naturlehrpfad – unberührte Natur**

Quer durchs Katinger Watt

Hundefreundlichkeit: Diese sehr hundefreundliche Tour führt durch Wälder, über Wiesen und durch begehbare Uferzonen. Sie zeichnet sich besonders durch sehr viele Aktions- und Bademöglichkeiten aus. Außerdem begegnen einem im Katinger Watt nur selten Menschen und andere Hunde.

Tour-Info	↔ 9,5 km	⏲ 2 Std.	↕ 3 / 0 m
Kategorie:	mittelschwer		
Start-Ziel:	Kating, Parkplatz am Naturlehrpfad		
GPS:	54°17'17.9"N 8°53'12.3"E		
Markierung:	„Erlebnisroute" (nur teilweise)		
Wegecharakteristik:	86 % Wanderweg – 14 % Weg		

Direkt gegenüber des Parkplatzes geht es durch das „Eiderstädter Heck" in den Wald auf den Naturlehrpfad. Bereits nach knapp 200 m wartet das erste Hunde-Highlight: Eine kleine **1** Badestelle rechts am Waldrand. Weiter geht es gen Süden den verwunschenen Pfad entlang. Taucht links eine hölzerne Sitzgruppe auf, biegt man rechts auf einen etwas breiteren und gut zu begehenden Weg ab. Nach 400 m erreicht man eine **2** Aussichtsplattform, die ausnahmsweise mal ein Highlight für Hundehalter und nicht die Vierbeiner darstellt. Von hier oben hat man einen prächtigen Blick über das Katinger Watt. Da keine Stufen, sondern nur eine Leiter auf die Plattform führt, bleibt dieser Ausblick den Hunden verwehrt. 300 m weiter biegt man rechts ab und folgt für 1 km dem Weg am Ufer des Ringpriels. Wenn man an der nächsten Kreuzung schräg gegenüber den Baum mit den drei Markierungen entdeckt (rotes Quadrat, grünes Quadrat mit gelbem Streifen, gelbes Dreieck), biegt man rechts ab und folgt dem „Peter-Loetz-Weg" für weitere 550 m. Kurz vor dem Schotterparkplatz geht es links in den „Schutenweg". Dieser führt

1,5 km durch eine dichte, urwaldgleiche Vegetation. Unterwegs kommt man an einer alten 3 Schute vorbei. Interessant ist die Hinweistafel, auf der man erfährt, was es mit dem zweckentfremdeten Boot auf sich hatte und hat. Am Ende des „Schutenweges", kurz hinter der Schutzhütte „Jägersruh", biegt man scharf links ab und folgt dem Weg für etwa 750 m, bis man einen Damm erreicht, der den Ringpriel überquert. Hier gibt es in kurzen Hosen und ohne Gummistiefel nur die Möglichkeit, nach links weiterzugehen. Nach rechts ist der Weg fast nicht begehbar, da hohe Brombeerranken und sonstiges Dorngestrüpp ein Durchkommen fast unmöglich machen. Dafür wartet – wenn man sich links hält – nach knapp 200 m die perfekte 4 Hundebadestelle. Ein freies Ufer mit einer großzügigen Flachwasserzone ermöglicht es den Vierbeinern, problemlos ins Wasser zu gelangen. Dieser Priel zeichnet sich auch durch ausgesprochen sauberes Wasser aus. Wenn die Sonne scheint, lohnt es sich hier auf jeden Fall, eine Rast einzulegen und die ursprüngliche und unberührte Natur zu genießen. Noch 500 m weiter am Ufer des Priels entlanggewandert, kommt man auf den „Peter-Loetz-Weg". Hier hält man sich rechts und läuft für weitere 1,3 km Richtung Süden. Am Deich über den Priel angekommen, kann man entweder geradeaus Richtung Süden weitergehen und erreicht nach 1,6 km die Eider. Dort kann man das Flusspanorama

Hunde kommen hier nicht rauf:
Aussichtsturm im Katinger Watt

genießen, kommt aber nicht weiter bis zum Ausgangspunkt der Tour zurück. Bei trockenem Wetter und guter Kondition lohnt sich dieser Abstecher allerdings. Oder man hält sich halb links gen Osten und erreicht nach 1,3 km den Abzweiger zum Aussichtsturm. Unterwegs lockt am Ufer nach gut 750 m eine weitere 5 bequeme Badestelle für Hunde. Nachdem man die Abzweigung nach rechts genommen hat, geht es auf altbekanntem Weg zurück zum Parkplatz.

Hintergrund

Vor dem Bau des großen Eidersperrwerks Anfang der 1970er-Jahre herrschten im Katinger Watt noch Ebbe und Flut. Im Vogelschutzgebiet prägen heute Wasser- und Wiesenflächen sowie ein Laubwald die Landschaft.

Info

🚌	kein ÖPNV
🅿	Kating, Parkplatz gegenüber des Eingangs zum Naturlehrpfad
🗺	Kompass-Wanderkarten Husum / St. Peter-Ording - Südliches Nordfriesland Wk 712
🍴	Café und Restaurant Mahre Katinger Watt 3 25832 Tönning Tel.: 04833-1804 www.mahre.de
🛏	StrandGut Resort Am Kurbad 2 25826 St. Peter-Ording Tel.: 04863-408968577 www.strandgut-resort.de
ℹ	Tourist- und Freizeitbetriebe Tönning Am Markt 1 25832 Tönning Tel.: 04861-61420 www.toenning.de
✚	Kleintierpraxis Reinhardt Hess Neustadt 25 25832 Tönning Tel.: 04861-610660 www.kleintierpraxis-hess.de

TOUR 19

Lundener Niederung – mystische Seen, verlassenes Moor

Einsames Dithmarschen

Hundefreundlichkeit: In der Lundener Niederung wechseln sich Feldwege und kleine Wirtschaftswege ab. Am Wegesrand finden sich auch einige Bademöglichkeiten für Hunde. Allerdings ist nicht jedes Gewässer, das man passiert, frei von Schlick und Entengrütze. Genaues Hinschauen ist wichtig. Im Sommer es sehr angenehm, dass die Tour auch an schattigen Wäldchen vorbeiführt. Auf jeden Fall hat man diese Tour ganz für sich alleine, weil sie doch sehr abgelegen und fern jeglicher Touristenziele liegt.

Tour-Info	↔ 10,5 km	🕐 2,5 Std.	↑↓ 0 / -3 m
Kategorie:	mittelschwer		
Start-Ziel:	Lunden, Gerichtsweg/Ecke Weißer Moorweg		
GPS:	54°17'21.4"N 9°04'19.5"E		
Markierung:	keine Markierung		
Wegecharakteristik:	69 % Nebenstraße – 31% Weg		

Vom Parkplatz aus geht es zunächst für fast 4 km den „Gerichtsweg" Richtung Osten am Feuchtmoor und renaturierten Wiesen entlang. Hier kreucht und fleucht und quiekt und raschelt es rechts und links am Wegesrand, dass es für neugierige Schnüffelnasen ein echtes Fest ist. Auf den Zufahrten zu den Feldern linkerhand kann man sich gut im Schatten niederlassen und das Feuchtgebiet auf sich wirken lassen. Kurz vor der Brücke über die **1** Broklandsau biegt man links ab. Hier, wo der Mötjensee in die Au fließt, können sich die Vierbeiner bei warmem Wetter nach Herzenslust abkühlen. Anschließend folgt man der kleinen Straße weiter für 800 m. Kurz nachdem man das Ortseingangsschild von Schlichting hinter sich gelassen und den ersten Bauernhof passiert hat (Vorsicht: freilaufende Hunde), biegt man rechts auf den „Altenfeldweg" ab. Nach 1 km passiert man die „Dorfstraße". Hat man die „Dorfstraße" hinter sich gelassen, folgt man dem mit robusten Betonplatten befestigten Grasweg für weitere 800 m. An der **!**

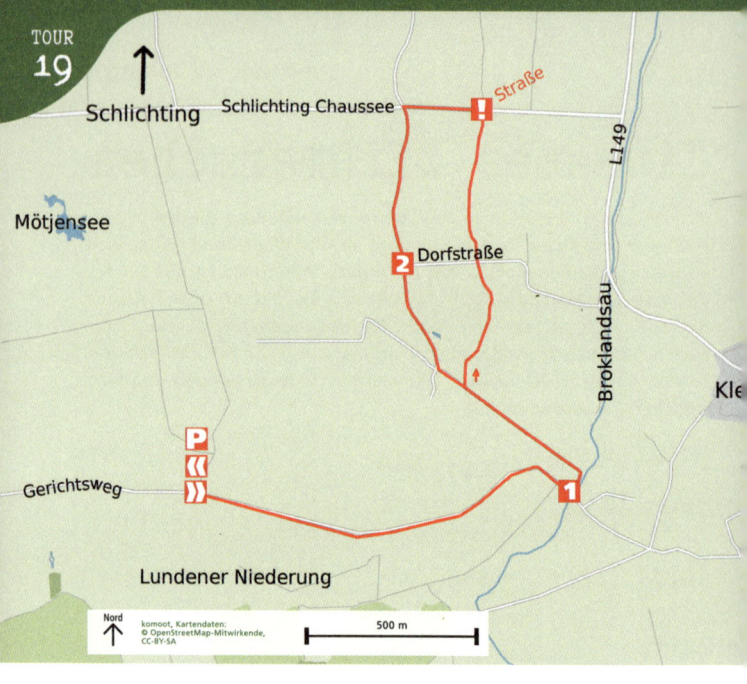

Landstraße von Hennstedt nach Krempel biegt man links ab und folgt dieser für knapp 300 m. An der alten Meierei geht es nach links. Für etwa 1 km geht es nun die kleine Straße entlang durch Wiesen und Felder. Der 2 große Baum in der Ortsmitte lädt geradezu dazu ein, sich im Schatten ein bisschen auszuruhen und das große Nichts und die fast schon laute Stille um einen herum zu genießen. Bitte nicht einschlafen, denn es liegen noch gut vier km vor einem. Also weiter auf der „Dorfstraße" bis man nach einem das Ortsschild Schlichting erreicht. Auf altbekanntem Weg geht es nun zurück zum Auto. Viele der vermeintlichen Abkürzungen oder Erweiterungen dieser Runde führen leider ins „Nichts" und erweisen sich als Sackgasse. Das liegt daran, dass viele kleine Entwässerungsgräben dieses Niederungsgebiet durchziehen, die zu einem großen Teil auf keiner Karte eingezeichnet ist. Wer also mutig ist, sollte auf jeden Fall lange und absolut wasserdichte Gummistiefel anziehen. Sonst könnte es feucht und schlammig werden.

Hund und Halter genießen hier eine menschenleere Landschaft

Hintergrund

Die Lundener Niederung ist ein 795 ha großes, langgestrecktes Niederungsgebiet aus verlandeten Seeflächen und Feuchtwiesen. Die Umgebung des Sees soll sich zu einem ungestörten Niedermoor entwickeln. (www.stiftungsland.de/stiftungs-land/das-stiftungsland/lundener-niederung)

Hintergrund

Von 1529 bis 1559 hatte Lunden das Stadtrecht und war in früherer Zeit ein Kristallisationspunkt in der alten Bauernrepublik Dithmarschen. Zeugnis der Bedeutung gibt der Geschlechterfriedhof an der St. Laurentius-Kirche aus dem 12. Jahrhundert. Die Grabstätten wurden von den großen Bauerngeschlechtern im 16. und 17. Jahrhundert errichtet. Die großen Sandsteinplatten und Grabkeller können besichtigt werden.

Info

- 🚍 kein ÖPNV
- 🅿 Parkplatz Gerichtsweg/Ecke Weißer Moorweg in Lunden
- 🗺 Kompass-Wanderkarten Heide - Dithmarschen WK 717
- 🍴 Dithmarscher Hof Lunden
  Am Gänsemarkt 8
  25774 Lunden
  Tel.: 04882-843
  www.dithmarscher-hof-lunden.de
- 🛏 Dörpskrog Claussen
  Dorfstraße 45
  25779 Schlichting
  Tel.: 04882-1237
  www.doerpskrog.de
- ℹ Amt Kirchspielslandgemeinden Eider
  Kirchspielschreiber-Schmidt-Straße 1
  25779 Hennstedt
  Tel.: 04836-9900
  www.echt-eider.de
- ✚ Tierarztpraxis Geiger
  Sandstraße 15
  25774 Lehe
  Tel.: 04882-250
  www.tierarztpraxis-geiger.de

Tating – historischer Ortskern – Windräder und Bienenstöcke

Wo die Kirche noch im Dorf steht

Hundefreundlichkeit: Die Tour führt über Feldwege und Wiesen, an Windrädern und alten Obstgärten vorbei. Ein kleines Stück über eine ruhige Landstraße ist genauso dabei wie eine Trinkmöglichkeit für Hunde nach knapp der Hälfte der Strecke.

Tour-Info	↔ 5,5 km	⏲ 1 Std.	↕ 5 / -2 m
Kategorie:	leicht		
Start-Ziel:	Tating Ortsmitte, Kirche		
GPS:	54°19'29.6"N 8°42'19.7"E		
Markierung:	keine Markierung		
Wegecharakteristik:	66% Straße – 16 % Wanderweg – 12 % Nebenstraße – 7 % Weg		

Unser Weg startet im malerischen Ortskern von Tating – direkt hinter der Kirche. Vom Parkplatz aus hält man sich rechts und folgt kurz der „Norderstraße". Dann biegt man scharf links in den „Rendsburger Weg" ein. Die kleinen Fischerhäuser mit ihren tiefgezogenen Reetdächern und bunten Eingangstüren erzählen allein schon durch ihre ruhige Präsenz viele spannende Geschichten aus vergangenen Zeiten. Der schmale, etwas unruhig gepflasterte Weg, führt hinter **1** der Kirche und dem Friedhof entlang. An der kurzen Leine geführt, darf der Hund ganz offiziell zwar nicht auf den Friedhof, aber falls man das Glück hat, dass die Sonne gerade Pause macht und auf dem Gottesacker keine Besucher sind, lohnt sich ein Spaziergang an den historischen Grabsteinen vorbei allemal. Am Ende des Weges hält man sich rechts und folgt dem „Pastoratsweg" für 600 m bis zur Straße „Hauert". Hier hält man sich erneut rechts, folgt dem Sträßchen und überquert nach 300 m die **!** „Koogstraße". Weiter geht es geradeaus den „Büttelweg" entlang. Nach 700 m verlässt man den Weg und biegt links in den „Hohweg" ein,

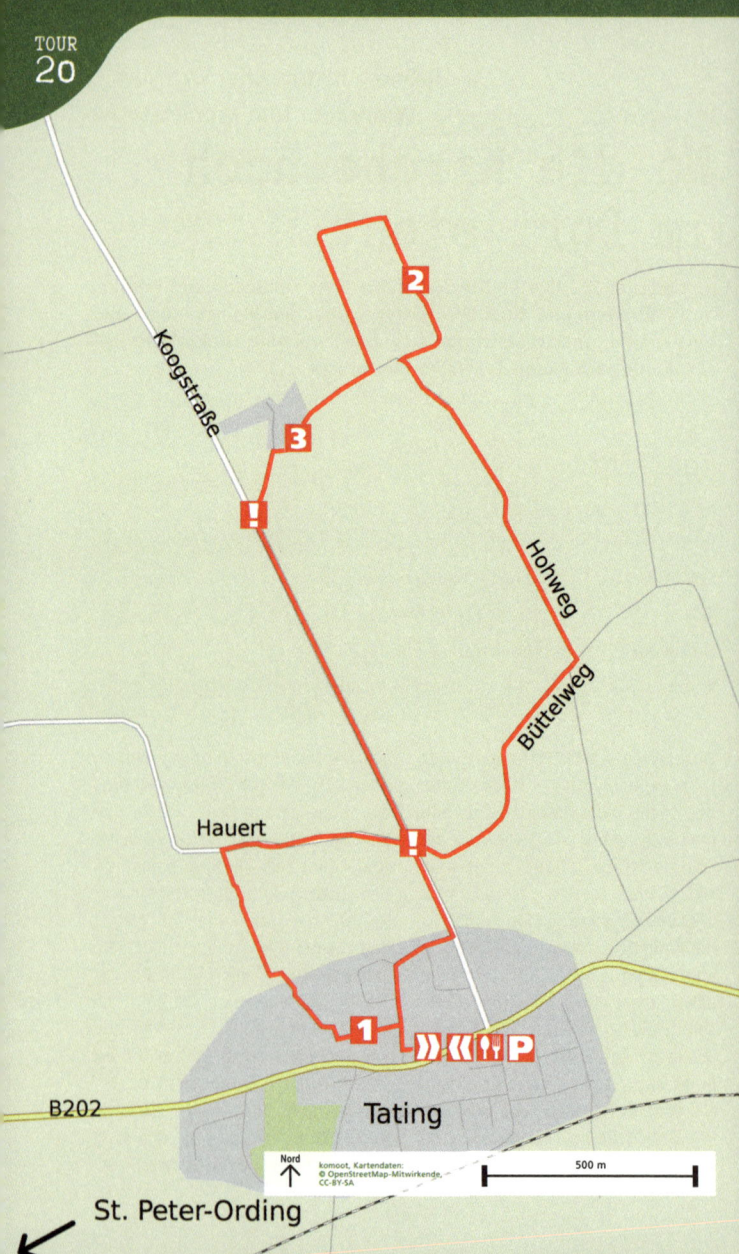

In Tating steht die Kirche seit 1103 im Dorf

dem man für ebenfalls 700 m folgt. An dessen Ende nimmt man den Feldweg zur Rechten. Der Weg, der mittlerweile zu einer festen Wiese geworden ist, führt immer weiter ins Land hinein. Es geht an den Windrädern vorbei und an der **2** Brücke, die man nach weiteren knapp 250 m erreicht, kann der Hund schräg nach links unten im Gestrüpp verschwinden und sich in dem kleinen Bachlauf abkühlen oder etwas trinken. An der nächsten „Kreuzung" nimmt man den Weg nach links und folgt diesem für

Kleines Dorf mit gepflegten Gässchen

700 m, bis man auf dem „Hohweg" angekommen ist. Hier geht man nach rechts an den Gehöften und den **3** Bienenstöcken mit Guckloch und Schautafel vorbei. Da sich das bunte Treiben hinter einer kleinen Tür mit Guckloch abspielt, besteht für Halter und Hunde keine Gefahr, gestochen zu werden. Wer genug von Bienen und Blüten gesehen und gelesen hat, geht die Straße weiter und kommt nach knapp 200 m an die **H** „Koogstraße". Auf der Straße geht man – sich links haltend – zurück in Richtung Tating. Direkt hinter der bereits bekannten Kreuzung beginnt rechts der Straße ein Fußweg, auf dem man noch 300 m bis zur „Norderstraße" geht. In diese biegt man rechts ein und kommt – wenn man der Straße bis zum Ende folgt – am Parkplatz hinter der Kirche an. Von hier erreicht man übrigens nach knapp 10 Minuten Fahrzeit St. Peter-Ording. Dort gibt es das kleine aber sehr feine St. Peter-Ordinger Geschäft „Hund von Eden" (Im Bad 10, 25826 St. Peter-Ording, www.hundvoneden.de). Neben sehr hochwertigen und vor allem nordseetauglich-robusten Hunde-Accessoires hält das Team von Sebastian Crantz Snacks und Futter bereit und freut sich auf jeden vier- und zweibeinigen Besucher.

Info

🚉	RB 21177 oder RB 21179 bis Tating
🅿	Parkplatz hinter der Kirche in der Ortsmitte von Tating
🗺	Kompass-Wanderkarten Husum/St. Peter-Ording - Südliches Nordfriesland Wk 712
🍴	Eiderstedter Krog Dorfstraße 17 25881 Tating Tel.: 04862-2019725 www.eiderstedter-krog.de
🛏	StrandGut Resort Am Kurbad 2 25826 St. Peter-Ording Tel.: 04863-408968577 www.strandgut-resort.de
ℹ	Tourismusverein Tating Süderdeich 8 25881 Tating Tel.: 04862-576 www.tating-nordsee.de
✚	Tierarztpraxis Dr. med. vet. Wolfram Gebhardt Bövergeest 105 25826 Sankt Peter-Ording Tel.: 04863-95342

Hintergrund

Die St.-Magnus-Kirche in Tating von 1103 ist die älteste Kirche Eiderstedts und das älteste Bauwerk auf der Halbinsel. Das flachgewölbte, einschiffige Hauptschiff und der gewölbte Kastenchor sind im romanischen Stil gehalten. In der Gotik wurde dem Chor ein gewölbtes Chorpolygon angefügt. Der spätgotische Flügelaltar zeigt eine figurenreiche Kreuzigungsszene, die ihr gesamtes Mittelfeld einnimmt. In ihren Flügeln sind die zwölf Apostel abgebildet, je drei in einem Feld. In der Kirche kann man heute noch die Kanzel von 1601, eine Triumphkreuzgruppe aus der Zeit nach 1500 und die nördliche Empore von 1591 bis 1601 bestaunen. (www.tating-nordsee.de)

TOUR
21

mystisches Moor – freilaufende Kühe – viele Bademöglichkeiten

Torfbacken im Süderholmer Moor

Hundefreundlichkeit: Die Wanderung durchs Süderholmer Moor bietet Hunden viele abwechslungsreiche Bademöglichkeiten. Wer gemeinsam mit seinem Hund ins Wasser springen möchte, fragt einfach einen der vielen, freundlichen Angler am Wegesrand, welcher der Teiche zum Baden geeignet ist.

Tour-Info	↔ 10,5 km	⏲ 2,5 Std.	↕ 4 / -3 m
Kategorie:	mittelschwer		
Start-Ziel:	Ostrohe, Ringreiterplatz		
GPS:	54°12'46.8"N 9°08'02.4"E		
Markierung:	keine Markierung		
Wegecharakteristik:	51 % Weg – 25 % Wanderweg – 18 % Straße – 6 % Nebenstraße		

Am Ringreiterplatz verlässt man das Dorf leicht bergab und folgt dem kleinen, sich durch die Felder schlängelnden Weg Richtung Süden. Das erste Hunde-Highlight dieser Tour erreicht man bereits nach 500 m: die **1** Badestelle am See. Eigentlich handelt es sich dabei um einen Fischteich. Aber wenn gerade keine Angler am Ufer sitzen, freut sich der Hund, ins kühle Nass springen zu können. An der darauf folgenden T-Kreuzung hält man sich links, folgt wenig später der Linkskurve und wandert nun Richtung Norden bis man nach knapp 600 m die kleine Dorfstraße überquert. Nach einem Rechts-links-Haken geht es schräg gegenüber weiter in den „Beckwischweg". Am Ortsausgang kann der Hund die freie Natur genießen. Allerdings kann es passieren, dass sich manchmal einige **!** Kühe von ihrer Herde entfernen und auf Wanderschaft gehen. Die schwarzbunten Vierbeiner sind zwar friedlich, aber das weiß ja nicht jeder Hund. Hat man die Kuhherde passiert, geht man entspannt für 1 km weiter auf dem Weg und biegt dann rechts auf den Koppelweg („Grasblütenweg") ab. Hier spaziert

TOUR 21

man für weitere 550 m durchs Moor. Ist der „Ostermoorsweg" erreicht, hält man sich rechts und kommt nach 200 m an die nächste schöne 2 Badestelle für Hunde. Wer sich die Zeit nimmt und ein wenig innehält, wird erstaunt sein, welche intensive Geräuschkulisse hier im Moor vorherrscht. Man sieht keine Tiere und obwohl sich an einem windstillen Nachmittag kein Zweig bewegt und kein Blatt raschelt, ist es doch erstaunlich, wo die ganzen Geräusche herkommen mögen. Nach weiteren 500 m erreicht man schließlich eine Kreuzung, an der es links auf den „Holmerdammsweg" (später „Amtmann-Rohde-Straße") geht. Nun geht es für eine ganze Zeit immer Richtung Süden. Schließlich – nach 1,2 km – kommt die Abzweigung auf den Hochmoorweg. Hier hält man sich links und wandert weitere knapp 2 km, bevor man an der T-Kreuzung rechts abbiegt. Der sandige Feldweg wird nach etwa 500 m zu einem asphaltierten Wirtschaftsweg, dem man bis kurz vor den Ortseingang folgt. Dann geht es nach rechts auf einen etwas steinigen

Hintergrund

Das Süderholmer Moor lieferte einen sehr dunklen, festen und schweren Torf mit einem sehr guten Heizwert. 35 m³ Rohmoor lieferten ca. 23 m³ Trockentorf, was rund 2,9 t entsprach. Das Torfbacken wurde hier um 1958 eingestellt.

Viel Wasser und wenig Verkehr

Feldweg – den „Mitteldamm". Hier lässt man die Rechts-Linkskurve hinter sich und kommt nach 150 m an der **3** historischen Mühle vorbei. Wenn man ganz viel Glück hat, wird hier gerade von einem ehrenamtlichen Verein nach alter Tradition Torf gebacken. Es geht weiter geradeaus bis zur nächsten Abbiegemöglichkeit nach rechts. Nun ist man erneut auf der „Amtmann-Rohde-Straße" und folgt dieser auf altbekanntem Weg – vorbei an tollen Fisch- und Angelteichen und vielen, zwar nicht so ganz legalen, aber sehr schönen, Bademöglichkeiten für Hunde – zurück. Es geht immer weiter geradeaus und nachdem man das Ortseingangsschild von Ostrohe passiert hat, folgt man der Straße durchs Dorf für 400 m. Dann biegt man links ab und kommt zum Ringreiterplatz.

Info

🚌	kein ÖPNV
🅿	Auf dem Seitenstreifen am Ringreiterplatz im Ortskern
🗺	Kompass-Wanderkarten Heide - Dithmarschen WK 717
🍴	Restaurant & Café Am Wasserturm Brahmsstraße 1 25746 Heide Tel.: 0481-8286300 www.am-wasserturm-heide.de
🛑	Nordica Hotel Österstraße 18 25746 Heide Tel.: 0481-85450 www.nordicahotel-heide.de
ℹ	Heide Stadtmarketing GmbH Markt 28 25746 Heide Tel.: 0481-2122160 www.heide-nordsee.de
✚	Tierarztpraxis Dr. Anita Gruber Heistedter Straße 19 25746 Heide Tel.: 0481-8556650 www.tierarztpraxis-heide.info

Hintergrund

Die Mühle, an der diese Tour vorbeiführt, ist eine transportierbare Schöpfmühle, die mit einer Förderschnecke Torfstiche entwässert hat. Es handelt sich um einen Nachbau der Peweschen Mühle aus dem Dellstedter Moor. Dieses Original, das heute nicht mehr existiert, wurde ca. 1900 gebaut.

große Dithmarschentour – Meldorfer Buch –
Deiche, Teiche und Wiesen

Großer Kreis ums Wöhrdener Loch

Hundefreundlichkeit: Diese Runde bietet von allem etwas: Baden im Meer und im Teich, saftige Wiesen (einige mit Schafen), Deichkraxeleien und schattige Wälder. Der Hund kann die meiste Zeit frei laufen. Aber wer diese Runde anfängt, muss sie zu Ende bringen: hier gibt es keine (!) Möglichkeit, abzukürzen. Außer man kehrt um.

Tour-Info	↔︎ 16,9 km	🕐 3,5 Std.	↕ 3 / -1 m
Kategorie:	mittelschwer		
Start-Ziel:	Nordermeldorf, Parkplatz am Wöhrdener Loch		
GPS:	54°06'38.1"N 8°56'36.9"E		
Markierung:	keine Markierung		
Wegecharakteristik:	50 % Weg – 42 % Straße – 8 % Wanderweg		

Diese Tour startet direkt hinter dem Deich. Man hält sich vom Parkplatz kommend leicht rechts und sobald man über den Deich gewandert ist, kann man das Panorama der Meldorfer Bucht bis nach Büsum genießen – jedenfalls, wenn das Wetter mitspielt. Als Aufwärmübung geht es zunächst 2,5 km seeseitig am Deich entlang Richtung Norden. Der Hund kann über die Wiese toben, Bällchen apportieren und die Schafe durch einen ⚠ elektrischen Zaun beobachten. Man nimmt den ersten Übergang über den Deich zur Landseite und hat – nachdem man den Zeltplatz passiert hat – zum ersten Mal die Möglichkeit, einzukehren und sich zu stärken. Wer sich den Umweg über den Deichübergang und den Zeltplatz sparen möchte, kraxelt einfach über den Deich und spart so 1,5 km ein. Bei warmem Wetter hat das Bistro im Strand-Pavillon am Parkplatz, über den man sich halb links hält, immer ausreichend frisches Wasser für Hunde bereitstehen. Wer den Deich noch weiter entlangwandert, ohne ihn hier zu überqueren, der kommt nach weiteren 4 km nach Büsum. Außerhalb

der Saison einen Spaziergang wert – während der Hauptreisezeit mit Hund absolut nicht empfehlenswert. Also lieber hinter dem Imbiss nach links abbiegen und der kleinen Straße für etwa 800 m folgen, bis man den Innendeich-Durchbruch erreicht. Wer keine Lust auf Imbiss hat, der kann in der wunderbaren 1 Landgaststätte „Am Alten Deich" einkehren und auf der Terrasse ein Eis oder selbstgebackenen Kuchen genießen. Wasser für den Hund gibt es selbstverständlich auch. Jetzt nimmt man den kleinen Weg hinter dem Deich bis zum Sielwärterhäuschen, steigt dann die Stufen am Haus hoch und hält sich oben auf der Deichkrone links. Jetzt wandert man für 300 m den Sommerdeich entlang, immer mit bestem Blick auf den Meldorfer Golfplatz. In der folgenden Rechtskurve bleibt man keinesfalls auf dem Deich (das endet in einer schlammigen und zugewucherten Sackgasse), sondern nimmt die leichte Rampe links vom Deich nach unten. Für 1 knappen km folgt man nun dem Feldweg, der durch einen Wald und an einer sehr lauschigen 2 Badestelle für Vierbeiner vorbeikommt. Mückenempfindliche Menschen fühlen sich hier am Teich vielleicht nicht ganz wohl, die Hunde werden einem aber angesichts der zu genießenden Badefreuden danken, dass man hier trotz der summenden Plagegeister kurz (oder länger) pausiert hat. Man folgt dem Weg weiter, ignoriert die erste Abzweigung nach links und hält sich

Wenn die Flut kommt, können Schafe sogar schwimmen

an der zweiten Abzweigung rechts. Nach weiteren 500 m erreicht man eine T-Kreuzung. Rechts: Sackgasse! Links: Strandkörbe laden zur kurzen Pause ein – allerdings erst nach 2,5 km... An der **3** „Strandkorbkreuzung" – die Körbe stehen tatsächlich fest installiert mitten in der Landschaft – biegt man rechts ab und folgt der kleinen Straße fü 4 km bis zur ersten Kreuzung. Hier geht es wiederum nach rechts und nach 600 m über eine kleine Brücke. Nach 1 weiteren km sieht man an der nächsten Abzweigung mannsgroße, merkwürdige **4** Kunstobjekte auf dem Feld stehen. Hier hält man sich links und folgt der Straße zurück bis zum Parkplatz.

Hintergrund

Das Wöhrdener Loch" entstand zwischen 1969 und 1978. Die ehemalige Deichlinie wurde durch einen neuen Seedeich ersetzt und ein Niederungsgebiet von 48000 ha gewonnen. Es entstand eine völlig neue Landschaft. Durch dieses Bauvorhaben wird die Küste besser gegen Sturmfluten geschützt.

Info

🚍	kein ÖPNV
🅿	Nordermeldorf, Parkplatz am Ende der Deichstraße am Wöhrdener Loch
🗺	KOMPASS-Wanderkarten Heide - Dithmarschen WK 717
🍴	Strand-Pavillon 25761 Warwerort Tel.: 04834-3404
🛏	Am Alten Deich Dorfstraße 32 25761 Warwerort Tel.: 04834-96200 www.hotel-am-alten-deich.de
	Zur Linde Südermarkt 1 25704 Meldorf Tel.: 04832-95950 www.linde-meldorf.de
ℹ	Touristinformation Meldorf Nordermeldorf 10 25704 Meldorf Tel.: 04832-97800 www.meldorf-aktiv.de
✚	Kleintierpraxis Meldorf Marnerstraße 6 25704 Meldorf Tel.: 04834–556790 www.tierarztbuesum.de/meldorf

von Neufeld nach Neufelder Koog – Badesee und Nordsee

Schlickrutschen an der Elbmündung

Hundefreundlichkeit: Neuferlderkoog ist ein sehr hundefreundlicher Ort: Es gibt auf dieser Tour gleich mehrere Möglichkeiten, für die Vierbeiner zu baden. Am Deich und in der Feldmark können die Hunde darüber hinaus richtig rennen und sich auspowern. Wenn das noch nicht reicht, gibt es auf der Rücktour sogar die Möglichkeit, gemeinsam mit seinem Hund in einen sehr gepflegten Süßwassersee zu springen.

Tour-Info	↔ 11 km	⏱ 2,5 Std.	↕ 7 / 1 m
Kategorie:	leicht		
Start-Ziel:	Neufelderkoog, Ortsmitte, Parkplatz Op'n Diek		
GPS:	53°54'24.1"N 9°01'09.0"E		
Markierung:	keine Markierung		
Wegecharakteristik:	64 % Weg – 35 % Straße – 1 % Nebenstraße		

Vom Parkplatz aus überquert man die Straße in Richtung der Wohnmobilstellplätze und geht den leicht abschüssigen Weg hinunter zum Wasser. Jetzt folgt man dem Weg um das Campingplatzwärterhäuschen herum bis zum Schafgatter. Was zunächst als kleiner Nachteil dieser Tour scheint (Schafe und Hunde teilen sich den Deich), entpuppt sich dann als ganz reizvoll unterhaltend. Denn wenn man den Weg weitergeht, kommt man nach gut 200 m an eine **1** flache Zuwegung ins Wasser. Dort lassen sich die Schafe, die ja gemeinhin einen großen Bogen um Hunde machen, überhaupt nicht durch die Anwesenheit des eigenen Vierbeiners stören. Geschäftig trinken sie und kühlen sich am Wasser ab, während die Hunde keine 30 m entfernt selbst ein Bad im Neufelder Fleet nehmen. Nun kann man entweder für 1 guten km auf der Seeseite des Deich weitergehen – dann verpasst man aber den wunderbaren **2** Badesee auf der Landseite

des Flutschutzes. Also lieber auf der Landseite weiter. Hier kommt man übrigens auf dem Rückweg noch einmal vorbei – man kann den Hunden also gleich doppeltes Badevergnügen bieten. Hinter dem Deich nimmt man die erste Abzweigung nach rechts und folgt dem Wirtschaftsweg für 1 km, bis man an die sehr schwach befahrene Kreisstraße kommt. Hier hält man sich links und folgt der Straße für fast exakt 2 km. Anschließend hält man sich links. Wem die Tour schon jetzt zu anstrengend ist oder wer keine Lust auf schlechtes Wetter hat (soll ja in Schleswig-Holstein hin und wieder mal vorkommen), der kann nach 1 km eine Abkürzung wählen und in der Rechtskurve scharf links abbiegen. Nach 900 m kommt man wieder an den Deich und kann (nach links!) zurück zum Auto gehen. Unsere Route führt nach dem oben beschriebenen Abbiegemanöver nach gut 800 m direkt auf den Deich zu. Oben auf der Deichkrone angekommen, kann man bei Ebbe geradeaus weiter durch die Polder bis an den **3** Flutsaum wandern. Aber Vorsicht: Der Boden kann sich urplötzlich von „fest" in „sehr matschig und man versinkt bis zum Knöchel" wandeln. Dem Hund gefällt es auf jeden Fall und der schwere, lehm- und tonhaltige, graue Boden wäscht sich beim Besuch der Badestelle auf dem Rückweg wunderbar

Tipp

Bargeld nicht vergessen: Unterwegs gibt es Hofläden und Hofcafés, die selbstgemachte Marmelade, Obst, Gemüse und Honig anbieten. Und eine Picknickdecke einpacken. Die Badestelle unterwegs ist für Hunde und Halter gleichermaßen attraktiv und zugelassen.

Info

🚌	Bus 2591 bis „Neufelderkoog Hof"
🅿	Parkplatz auf dem Deich gegenüber des Wohnmobilplatzes
🗺	KOMPASS-Wanderkarten Heide - Dithmarschen WK 717
🍴	Restaurant Op'n Diek Op´n Diek 3 25709 Neufeld Tel.: 04851-1840 www.restaurant-opndiek.de
🏨	Hof Krey Neufelderkoog 21 25724 Neufelderkoog Tel.: 04856-909585 www.hof-krey.de
ℹ	Touristik Marne-Marschenland e.V. Deichstraße 2 25709 Marne Tel.: 04851-957686 www.urlaubandernordsee.de
✚	Kleintierpraxis Pauline Gunther und Barbara Born Elbstraße 13 25541 Brunsbüttel Tel.: 04852-982595 www.kleintiergesundheit.de

wieder aus dem Fell. Um zum zweiten Mal zu dieser Badestelle zu gelangen, geht man auf oder am Deich für 3,6 km in Richtung „zurück zum Anfang der Tour" – man hält sich also gen Osten. Nach dem erfrischenden und reinigenden Bad sind es für Hund und Halter noch gut 1,3 km, bis man am Auto angekommen ist.

Entspannte Schafe grasen am Deich

TOUR 24

von Brunsbüttel zur Fähre Ostermoor – Schiffe gucken
auf Elbe und Kanal – Kunst im öffentlichen Raum

Industrieromantik und Elbdeichpanorama

Hundefreundlichkeit: Besonders der erste Teil der Wanderung am Elbdeich entlang ist für Hunde eine Freude. Hier können sie rennen und baden und sich im Gras wälzen. Am Nord-Ostsee-Kanal gibt es eine weitere Bademöglichkeit für die Vierbeiner. Der zweite Teil der Tour bietet puren Nasensport für die Hunde.

Tour-Info	↔ 10,5 km	⏱ 2,5 Std.	↕ 4 / 0 m
Kategorie:	mittelschwer		
Start-Ziel:	Brunsbüttel, Deichübergang Westertweute		
GPS:	53°53'30.9"N 9°09'53.1"E		
Markierung:	keine Markierungen		
Wegecharakteristik:	66 % Weg – 20 % Nebenstraße – 11 % Wanderweg – 3 % Straße		

Für Hunde fängt der Spaß direkt nach dem Verlassen des Autos an. Hinter dem metallenen Tor geht es durch eine wildromantisch zugewucherte Industriebrache und kurze Zeit später steht man bereits mitten auf dem 1 Elbdeich. Nach links, hinter dem geschäftigen Treiben des Elbehafens, sieht man die Kernkraftwerke Brunsbüttel und – etwas weiter die Elbe hinauf – Brockdorf (siehe Touren 26 & 28). Wir halten uns rechts und nehmen Kurs auf die Brunsbütteler Schleusen. Bei schönem Wetter und passendem Wasserstand kann man seinen Hund im Laufe der jetzt anstehenden knapp 1,5 km problemlos in der Elbe baden lassen. An den Schleusen angekommen, hält man sich rechts und kann das bunte Treiben beobachten. Am Ende des gepflasterten Weges hält man sich kurz rechts und geht hinter dem Parkplatz nach rechts in den „Kali-Park". Das moderne Gebäude mit der 2 Lotsenstation lässt man rechts liegen, geht 200 m den kleinen Weg weiter und biegt an der ersten Möglichkeit links ab, über den kleinen Steg. Jetzt folgt man dem kuscheligen Wanderweg

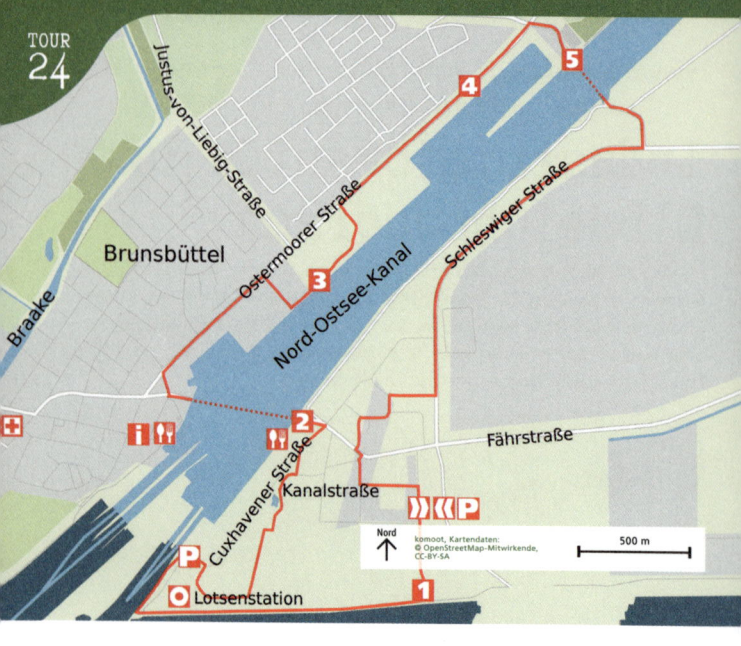

für 400 m, macht dann einen kurzen Schwenk rechts über den kleinen Steg und hält sich sofort wieder links bis zur Kanalstraße. Kurz nach der Rechtskurve geht man links in die kleine Twegte und folgt dieser, bis man an der Cuxhavener Straße ankommt. Die überquert man und geht geradeaus durch den kleinen Park bis zum 2 Fähranleger. Die Fähre fährt alle 10 Minuten auf „0". Auf der Nordseite angekommen, hält man sich leicht rechts und biegt nach 200 m in die „Delbrückstraße" und gleich darauf in die „Ostermoorer Straße" ein. Der folgt man für 800 m und geht dann hinter dem alten Bahnhof nach rechts zum Kanal. Hier können sich die Hunde freuen, denn nach 150 m kommt eine tolle 3 Möglichkeit, die Vierbeiner zum Baden ins Wasser zu lassen. Den Weg geht man weiter entlang, am Tennisplatz vorbei bis man erneut zur „Ostermoorer Straße" kommt. Hier biegt man rechts ab und geht 800 m an der Straße entlang, bis man nach links auf die 4 Wiese wechseln kann und man nach 400 m die Abzweigung zur Ostermoorer Fähre erreicht. Nun geht es rechts in die „Fritz-Staiger-Straße" und mit der 5 Fähre über den Kanal. Am anderen Ufer angekommen, folgt dem „Ostermoorweg" für 300 m bis zur Kreuzung und biegt dann rechts ab auf die „Schleswiger Straße". Hier ist nur wenig Verkehr und auf dem durch einen dicht bewachsenen

Friedliches Miteinander von Hund und Schafen

Grünstreifen abgetrennten Fußweg kann der Hund auch gerne frei laufen. Nach 1,8 km geht es rechts in den „Dithmarscher Ring" und wenige Schritte weiter nach links in den kleinen Feldweg. Dem folgt man, geht nach 75 m rechts auf der Anwohnerstraße weiter und verlässt den „Holstenring" nach 200 m nach links in einen weiteren kleinen, geschotterten Weg. Am Ende dieses Weges überquert man die „Fährstraße", geht

Hintergrund

Wer mit offenen Augen durch Brunsbüttel geht, findet an vielen Stellen große, abstrakte Kunstwerke im öffentlichen Raum. Seit 2003 gibt es die Brunsbütteler Kulturpfade für alle, die an Geschichte und Geschichten der Stadt interessiert sind. Die fünf Routen, die mit dem Fahrrad oder mit dem Auto gut zu befahren sind, zeigen Technik, Industrie, Geschichte, Architektur und moderne Kunst für alle Betrachter verständlich aufbereitet. Und auch zu Fuß mit Hund kann man die meisten der Kunstwerke abwandern. www.brunsbuettel.de/Kultur_Freizeit/Kulturpfade/

TOUR
24

Brunsbüttel ist für seine Kunst im öffentlichen Raum bekannt

in die „Annastraße" und biegt in die erste Straße links, die „Jahnstraße", ein. Am Sportplatz entlang läuft man diese Straße bis zum Ende und biegt dann rechts in die „Westertweute" ein. Nach knapp 250 m ist man dann wieder am Auto angekommen.

Tipp

Bei Redaktionsschluss war der Kanaluferweg zwischen der Brunsbütteler und der Ostermoorer Fähre leider noch nicht fertig gestellt. Unsere Route entlang der Industriedenkmäler ist durch die geringe Frequentierung von Menschen (fast niemand), Fahrrädern (sehr selten), Autos (hin und wieder) und den breiten, durch viel grün separierten Fußweg entlang der kleinen Straße eine schöne Alternative.

Im Internet findet man übrigens eine aktuelle Tabelle des Wasser- und Schifffahrtsamtes, wann welches Traumschiff durch die Schleuse fährt: www.wsv.de/wsa-bb/kreuzfahrtschiffe/index.html.

Info

🚌	Bus 6606 bis Brunsbüttel „Süd/Fährstraße"
🅿	Brunsbüttel, Ende der Westertweute, Höhe Nummer 48
🗺	KOMPASS-Wanderkarten Heide - Dithmarschen WK 717
🍴	Coppa Canale (coole und hundefreundliche Strandbar am Fähranleger Brunsbüttel Südseite) Am Südkai 1 25541 Brunsbüttel Tel.: 01522-7170590 Torhaus Gustav-Meyer-Platz 3 25541 Brunsbüttel Tel.: 04852-940577 www.brunsbuettel-torhaus.de
🛏	Hotel Kleiner Yachthafen Hafenstraße 16 25541 Brunsbüttel Tel.: 0485-9400933 www.hotel-kleiner-yachthafen.de
ℹ	Tourist-Information Gustav-Meyer-Platz 2 25541 Brunsbüttel Tel.: 04852-391185 www.brunsbuettel.de
✚	Kleintierpraxis Pauline Gunther und Barbara Born Elbstraße 13 25541 Brunsbüttel Tel.: 04852-982595 www.kleintiergesundheit.de

von Burg nach Hochdonn – zwei Fähren und eine Brücke – Badespaß für Hunde

Fährmann, hol över

Hundefreundlichkeit: Zwischen Burg und Hochdonn können Hunde an den beiden Seiten des Nord-Ostsee-Kanals frei laufen. Es gibt mehrere Stellen, an denen die Hunde im Kanal baden können. Außerdem kommt man während der zweiten Hälfte der Tour an einem kleineren Süßwassersee vorbei. Auch dort können die Vierbeiner ein unbeschwertes Badevergnügen genießen und etwas trinken.

Tour-Info	↔ 9,5 km	⏲ 2 Std.	↕ 11 / -3 m
Kategorie:	leicht		
Start-Ziel:	Burg in Dithmarschen, Parkplatz an Fähre „Süd"		
GPS:	53°58'54.8"N 9°16'52.0"E		
Markierung:	keine Markierung		
Wegecharakteristik:	62 % Wanderweg – 28 % Weg – 6 % Straße – 4 % Nebenstraße		

Die Tour startet direkt am Wasser. Vom Parkplatz aus überquert man die kleine Straße, die zum Fähranleger führt und wandert den Kanalwanderweg immer geradeaus, bis man nach knapp 4,5 km die **1** Eisenbahnbrücke in Hochdonn erreicht. Unterwegs gibt es einen lauschigen ⦿ Picknickplatz kurz hinter dem Sielwärterhäuschen. Der Platz bietet einen hervorragenden Panoramablick auf den Kanal. Hier stören einen keine Touristen (es gibt keinen Imbiss und keine öffentlichen Toiletten) und keine Wohnmobilisten oder sonstige Ship-Spotter (das Befahren des Wegs mit Autos ist verboten). Sollte das Wetter mal nicht mitspielen, bietet die ausladende Linde, unter der sich der Tisch und zwei Bänke befinden, einen einigermaßen wirksamen Regenschutz. Durch die windgeschützte Lage – der Kanal ist auf weiten Teilen zu beiden Seiten von hohen Bäumen gesäumt – ist diese Tour eine der wenigen Schleswig-Holstein-Routen, auf denen man bei Regen sogar einen Regenschirm aufspannen kann. 1,7 km nach dem Picknickplatz kann man den Kanaluferweg nach rechts verlassen und hinter dem Wäldchen bis zur Hochbrücke entlangwandern.

Etwa 33.000 Schiffe passieren den Nord-Ostsee-Kanal pro Jahr

Tipp

Das Übersetzen mit den Fähren über den Nord-Ostsee-Kanal ist für Menschen, Hunde und sogar Autos grundsätzlich kostenlos. Das liegt daran, dass der Kanal eine künstliche Wasserstraße ist. Die große Fähre in Brunsbüttel fährt rund um die Uhr: Von 5 Uhr bis 23 Uhr alle 10 Min, sonst alle 20 Min. Falls man in Burg oder Hochdonn zwischen 22 Uhr und 6 Uhr in der Frühe übersetzen möchte, ruft man die Fähre mit dem Fährruf. Das ist eine Art öffentlicher Fernsprecher, der gut sichtbar am Anleger steht und eine direkte Verbindung zum Haus des Fährmanns herstellt.

Der Weg ist nicht immer gemäht und aufgrund der vielen Bäume hat man von dort keinen Blick auf die vorbeifahrenden Schiffe. Es empfiehlt sich daher, auf dem Kanaluferweg zu bleiben. Wenn man die Hochbrücke mit ihrer filigranen Konstruktion unterquert hat, folgt man dem Fußweg noch ca. 300 m. Dann biegt man links ab und überquert den Parkplatz des Wasser- und Schifffahrtsamtes. Hinter dem Parkplatz hält man sich weiter links und steht direkt vor dem

Badevergnügen im Nord-Ostsee-Kanal

2 Hochdonner Fähranleger. Die Fähre fährt bis 22 Uhr alle 10 Minuten. Nach dem Überqueren des Kanals geht man die Straße für 150 m geradeaus und biegt die erste Möglichkeit nach links ab. Nun folgt man dem Kanaluferweg auf der Westseite für gut 4 km, bis man wieder an der Fähre in Burg angekommen ist. Zwischendurch gibt es nach 300 m noch eine **3** Badestelle im Kanal. Hier ist darauf zu achten, dass die Hunde nicht direkt ins Wasser sollten, nachdem ein Schiff vorbeigefahren ist. Der Wellenschlag und die Strömung können gefährlich sein und Vierbeiner unter Wasser ziehen. Wenn kein Schiff in Sicht ist, steht einem ungefährlichen Badevergnügen nichts im Wege. Nach 1,7 km erreicht man einen kleinen **4** Süßwassersee. Diesen kann man in 15 Minuten umrunden – oder man schaut einfach nur den Hunden zu, wenn sie sich hier im Wasser noch einmal nach Herzenslust austoben. Nach dem Erreichen der Fähre in Burg kann man sich selbst noch ein wenig ausruhen: Das Burger Fährhaus bietet eine schöne Terrasse, leckeres Eis und feinen selbstgebackenen Kuchen. Jetzt muss man nur noch darauf warten, dass der Fährmann einen mit herübernimmt und schon hat man den Parkplatz wieder erreicht.

Hintergrund

Die Eisenbahnbrücke in Hochdonn ist eine Fachwerkbrücke aus Stahl, die zwischen 1913 und 1924 gebaut wurde. Nach ihrer Generalinstandsetzung 2008 kann sie wieder zweigleisig befahren werden. Die Brücke wird von insgesamt ca. 5 Mio. Nieten zusammengehalten.

Info

H	kein ÖPNV
P	Stillgelegter Fähranleger auf der Südseite des Kanals in Burg
🗺	KOMPASS-Wanderkarten Heide - Dithmarschen WK 717
🍴	Burger Fährhaus Hafenstr. 48 25712 Burg Tel.: 04825-2417 www.burger-faehrhaus.de
—	Burger Fährhaus Hafenstr. 48 25712 Burg Tel.: 04825-2417 www.burger-faehrhaus.de
i	Tourist-Information Gustav-Meyer-Platz 2 25541 Brunsbüttel Tel.: 04852-391185 www.brunsbuettel.de
✚	Kleintierpraxis Pauline Gunther und Barbara Born Elbstraße 13 25541 Brunsbüttel Tel.: 04852-982595 www.kleintiergesundheit.de

von St. Margarethen nach Brockdorf –
Deichtour mit mehreren Bademöglichkeiten

Wilde Böcke, große Frachter

Hundefreundlichkeit: Bei dieser Tour gibt's viel Grün und an zwei Stellen frisches Wasser zum Pfötchenkühlen und Trinken. Für den großen Badespaß wartet am Wendepunkt der Runde (selbst bei Niedrigwasser) der Elbstrand.

Tour-Info	↔ 8,5 km	⏱ 1,5 Std.	↕ 6 / 1 m
Kategorie:	leicht		
Start-Ziel:	Sankt Margarethen, Kirchplatz		
GPS:	53°53'26.4"N 9°15'21.6"E		
Markierung:	keine Markierung		
Wegecharakteristik:	84 % Wanderweg – 14 % Weg – 2 % Straße		

Die Tour startet an der historischen Kirche im Ortskern. An der „Dorfstraße" geht es nach rechts auf den Bürgersteig auf der gegenüberliegenden Straßenseite. 150 m weiter biegt man scharf links ab und erklimmt die Deichreihe an den historischen, kleinen Kapitäns- und Fischerhäusern vorbei. Oben angekommen gilt es zunächst mal, das überwältigende Panorama zu genießen. Rechts eröffnet sich die Elbmündung mit den Windkraftanlagen von Brunsbüttel. An klaren Tagen sieht man sogar die Containerschiffe, die in der Elbmündung liegen und darauf warten, in die Brunsbütteler Kanalschleuse einfahren zu dürfen. Wer nach links schaut, blickt die Elbauen bis weit hinter das Kraftwerk Brokdorf hinunter. Und dann heißt es ❗ Aufpassen, denn es kann beim Überqueren des Deiches passieren, dass zwischen den Deichlämmern ein Schafbock sein „Unwesen" treibt. Am elbseitigen Deichfuß wartet ein bequem asphaltierter Weg, der bis zur Störmündung nach Wewelsfleth führt (siehe Tour 29). Ganz so weit soll diese Tour nicht führen. Nach 1,6 km Elbuferwanderweg kommt die erste Möglichkeit für Hunde,

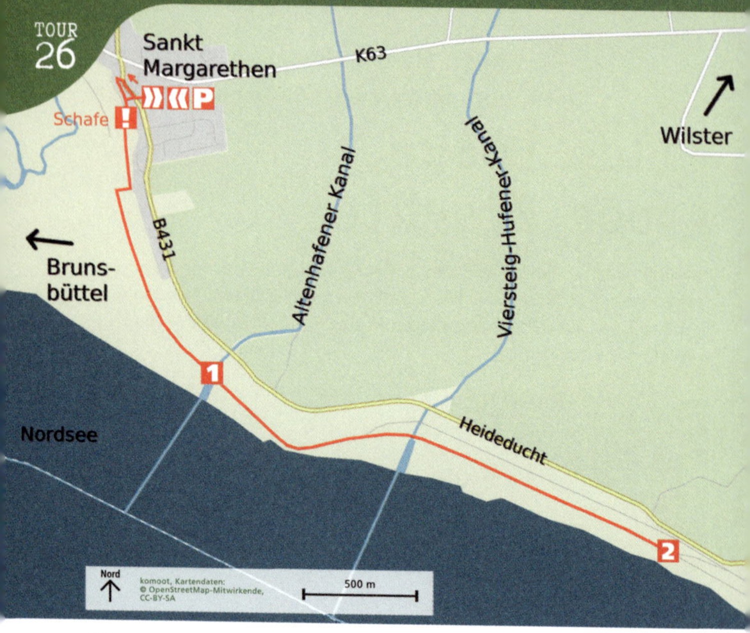

TOUR 26

Map labels:
- Sankt Margarethen
- Schafe
- K63
- Wilster
- Altenhafener Kanal
- Viersteig-Hufener-Kanal
- B431
- Brunsbüttel
- Nordsee
- Heideducht
- Nord
- komoot, Kartendaten: © OpenStreetMap-Mitwirkende, CC-BY-SA
- 500 m

Hinterm Deich wacht der Leuchtturm

sich kurz abzukühlen und Wasser zu trinken. An dieser Stelle quert der Weg den **1** Altenhafener Kanal. Der Zugang zum kleinen Kanal ist für versierte und pfiffige Vierbeiner sicherlich kein Problem. Hundehalter sollten sich überlegen, ob sie sich die kurze aber etwas zugewucherte Uferböschung heruntertrauen. Nicht, weil sie sich verletzen könnten, sondern sie im schlimmsten Fall in den flachen Kanal rutschen und dann den Rest des Tages mit nassen Schuhen umherlaufen müssen. Nachdem sich die Hunde erfrischt haben, geht es den Weg weiter entlang. Dabei quert man den Vierstieg Hufener Kanal und erreicht – nach insgesamt gut 4 km – den **2** Elbstrand. Hier lohnt es sich, wie überall im Sommer an der Elbe, die Füße ein wenig ins Wasser zu halten und den warmen Sand zu genießen. Die Hunde können und dürfen hier problem- und gefahrlos baden. Die Schiffe in der Elbe sind weit genug draußen, sodass der Schwell, den sie verursachen, keine Gefahr für badende Hunde darstellt.

Hintergrund

Sankt Margarethen wurde 1344 erstmals als Elredeluete urkundlich erwähnt. Die Gemeinde hieß vorher Elredefleth. Da sie aber von der Strömung der Elbe stark bedroht war, riss man sie ab und baute sie an der heutigen Stelle neu auf. Eingeweiht wurde die neue Gemeinde am 20. Juli 1500, dem Margarethentag.

Nachdem sich alle Vier- und Zweibeiner ausgeruht und abgekühlt haben, geht es der Einfachheit halber den selben Weg mit großem Elbpanorama wieder zurück bis zum Deichübertritt. Jetzt geht man die mit roten Klinkern gepflasterte Rampe aber nicht hinunter, sondern biegt 30 m hinter dem Linksknick rechts ab, folgt den Treppenstufen und erreicht nach wenigen Schritten wieder den Parkplatz an der Kirche.

Info

🚌	kein ÖPNV
🅿	Parkplatz an der Kirche in der Ortsmitte
🗺	Kompass-Wanderkarten Nordseeküste Von Hamburg Bis Dänemark WK 723
🍴	Landgasthof Lüders Humsterdorf 15 25599 Wewelsfleth Tel.: 04829-1801 www.landgasthof-lueders.de
🛏	Hotel Elbmühle Hauptstraße 26 25572 Sankt Margarethen Tel.: 04858-188804 www.hotel-elbmuehle.de
ℹ	Wilstermarsch Service GmbH Kohlmarkt 49 25554 Wilster Tel.: 04823-9215950 www.wilstermarsch-service.de
✚	Kleintierpraxis Pauline Gunther und Barbara Born Elbstraße 13 25541 Brunsbüttel Tel.: 04852-982595 www.kleintiergesundheit.de

TOUR
27

Baden in Brokdorf – Hundestrand an der Elbe –
Schiffe zählen

Gepflegtes Fernweh

Hundefreundlichkeit: Der Hundestrand in Brokdorf ist direkt am Deichübergang gelegen. Man kann ihn also wunderbar erreichen, ohne vorher lange anreisen zu müssen. Wer nach dem Strandbesuch noch Lust auf eine Wanderung hat, genießt den Elbwanderweg in Richtung Kraftwerk oder sogar noch weiter bis zur Störmündung. Den Strandbesuch lieber zu Beginn der Tour einschieben, dann kann sich der Hund wieder trocken laufen, bis man das Auto am Ende der Wanderung erreicht hat.

Tour-Info	↔ 13 km	⏱ 3 Std.	↕ 5 / 2 m
Kategorie:	mittelschwer		
Start-Ziel:	Brokdorf, Sportzentrum		
GPS:	53°51'36.4"N 9°19'49.4"E		
Markierung:	keine Markierung		
Wegecharakteristik:	100 % Weg		

Die Tour startet direkt am Deichübergang hinter dem Parkplatz. Wer durch das Gatter geht und die Stufen erklimmt, hat den ersten und für die Vierbeiner wohl wichtigsten Teil der Tour schon fast geschafft. Nur noch 150 m die Deichwiese auf der Elbseite des Flutschutzes wieder herunterlaufen, den kleinen Weg überqueren und dann noch wenige Schritte den mit weichem Rindenmulch und Sand ausgestatteten Weg entlang und schon hat man einen der schönsten **1** Hundestrände an der Schleswig-Holsteinischen Nordseeküste bzw. Elbmündung erreicht. Am Strand angekommen, hat man die Möglichkeit für wenige 100 m nach rechts zu gehen, um das dortige Ende der Bademöglichkeit zu erkunden. Oder man wendet sich nach links und stapft durch den Flutsaum und das seicht ans Ufer schwappende Elbwasser. Aber Achtung: Manche Schiffe verursachen eine große Bugwelle, die zwar nicht gefährlich ist, aber so kräftig an den Strand schwappt, dass kleine Hunde komplett nass werden. Auch lange Hosenbeine oder nicht weit genug aufgerollte Shorts könnten dann

in Mitleidenschaft gezogen werden. Wir empfehlen, den Strandbesuch am besten zu Beginn der Tour anzusteuern. Denn dann kann sich der Hund während der weiteren Wanderung wieder trocken laufen, bis man zum Schluss der Tour wieder am Auto angekommen ist. Am linken Ende des Hundebadestrandes kommt man übrigens nicht weiter. Also muss man am Strand wieder bis zum Wanderweg zurückgehen. Dann geht es nach rechts bzw. Südosten in Richtung Kraftwerk weiter. Die Tour besticht

Schafe weiden vorm Atomkraftwerk

vor allem dadurch, dass man die ganze Zeit den großen vorbeiziehenden Containerriesen auf der Elbe hinterherstaunen und sein Fernweh pflegen kann. Erstaunlich, wie viele Schiffe hier in kurzer Zeit an einem vorbeifahren. Wer keine Lust hat, nach einem Blick über den Deich auf das 2 Kraftwerk schon wieder zurückzugehen, der kann diesen Weg bequem und mit einem weiteren Strandbesuch fortführen, bis man das 3 Störsperrwerk von Wewelsfleth erreicht. Auf demselben Weg geht es zurück zum Auto.

Hintergrund

Das Kernkraftwerk Brokdorf wurde im Oktober 1986 in Betrieb genommen. Während der Bauphase in den 1970er- und 1980er-Jahren gab es die bundesweit größten und heftigsten Proteste von Atomkraftgegnern gegen den Bau. Laut Atomgesetz muss die endgültige Abschaltung des Kernkraftwerks spätestens am 31. Dezember 2021 erfolgen.

Info

🚍	kein ÖPNV
🅿	Parkplatz in der Ortsmitte von Brokdorf, Kirchducht 3 (am Sportzentrum)
🗺	Kompass-Wanderkarten Nordseeküste Von Hamburg Bis Dänemark WK 723
🍴	Kaffeestuv In De Hörn In de Hörn (direkt am Schwimmbad) 25576 Brokdorf Tel.: 04829-9026296
🛏	Elbblick Brokdorf Restaurant Cafe Hotel Sell Dorfstraße 65 25576 Brokdorf Tel.: 04829-9000 www.elbblick-brokdorf-hotel-sell.de
ℹ	Wilstermarsch Service GmbH Kohlmarkt 49 25554 Wilster Tel.: 04823-9215950 www.wilstermarsch-service.de
✚	Kleintierpraxis Pauline Gunther und Barbara Born Elbstraße 13 25541 Brunsbüttel Tel.: 04852-982595 www.kleintiergesundheit.de

TOUR
28

**Badeteich & Klappbrücke –
von der Stör bis an die Elbe**

Am Störsperrwerk in Wewelsfleth

Hundefreundlichkeit: Bei diesem Weg ist Abwechslung für Hund und Halter garantiert. Feld- und Waldwege wechseln sich mit grünen Wiesen und einem Deichwanderweg ab. Nach einem knappen Drittel der Runde gibt es für Hunde eine lauschige Badestelle, fernab vom touristischen Trubel an der Küste. Hundehalter können dem Treiben auf der Elbe und der Stör zugucken. Und wenn das Störsperrwerk die Straße hochklappt, bleibt so manchem der Mund offen stehen.

Tour-Info	↔ 7 km	⏱ 1,5 Std.	↕ 7 / 1 m
Kategorie:	leicht		
Start-Ziel:	Wewelsfleth, Störsperrwerk		
GPS:	53°49'36.9"N 9°23'55.9"E		
Markierung:	keine Markierung		
Wegecharakteristik:	52 % Weg – 23 % Wanderweg – 22 % Straße – 2 % Nebenstraße		

Vom Startpunkt aus geht es durch das Schafgatter am hinteren Ende des Parkplatzes auf den Stördeich. Oben angekommen hält man sich links, bis man die Bundesstraße erreicht. Hier geht man wenige Schritte nach rechts und überquert die Straße direkt vor der Klappbrücke. Dann nimmt man die Stufen auf der anderen Seite der Straße nach unten. Auf der gegenüberliegenden Störseite, im Schatten des Sperrwerks, liegt der kleine Yachthafen. Unser Weg führt uns weiter am Störufer entlang, bis nach ca. 1,5 km die **1** Peterswerft auftaucht. Wer auf einem Schiff, das hier auf der Werft gebaut wurde, mitfahren möchte, der sollte die Elbfähre von Glückstadt nach Wischhafen oder zurück nehmen. Die vier Fähren stammen alle von der kleinen Werft an der Stör. Der Weg macht einen kleinen Linksknick und jetzt taucht auf der linken Seite ein kleiner See auf. Hier können die Hunde sich an warmen Tagen erst einmal abkühlen und etwas

Wasser trinken. Um den Zugang zum See zu finden, muss man ein bisschen suchen - oder sich auf die gute Spürnase seines Hundes verlassen. Der Weg führt noch 200 m weiter durch den Wald und direkt, nachdem man den kleinen Steg überquert hat, geht es nach links bis zur Straße. Die überquert man und hält sich erneut links. Jetzt für die Tour für 1 km geradeaus, vorbei an wunderschönen 2 Bauernhöfen, die sich hinter tief in den Deich eingeschnittenen Zufahrten verbergen. Es empfiehlt sich, an der 3 Gabelung der Straße den rechten Weg zu nehmen, der durch die kleine Untertunnelung führt. Am Ende der Straße folgt man dem Hinweis „Brunsbüttel" nach rechts. Für ca. 100 m ist die Straße noch zweispurig und etwas unübersichtlich; hinter der seichten Linkskurve verengt sich die Straße auf eine Spur und bietet Platz, um die Wanderung entspannt fortzusetzen. Nach weiteren 600 m folgt man der Straße an der Abzweigung nach rechts, durch das Deichtor. Wer hier bereits die kleine Straße „Außendeich" nimmt (links abbiegen), kommt wieder gegenüber des Yachthafens am Sperrwerk heraus. Bei Regen und starkem Wind ist das sicherlich eine gute Alternative zur Hauptroute, die nach 500 links auf den 4 Deich führt. Von dort nimmt man den Elbuferweg zurück in Richtung Ausgangspunkt. Auch hier kann der Hund frei laufen, bis man nach ca.

1,3 km das **5** Schafgatter erreicht. 1 knappen km wandert man noch weiter, dann ist man wasserseitig des Deichs wieder auf der Höhe des Parkplatzes angekommen. Bei schönem Wetter lohnt es sich übrigens, ein bisschen auf dem Deich Pause zu machen und das Sperrwerk in Aktion zu erleben. Die Straße hebt und senkt sich für jedes kleine Segelboot, das um Durchfahrt bittet.

Hintergrund

Das Störsperrwerk wurde von 1971 bis 1975 in der Folge der Sturmflut 1962 zum Schutz vor Sturmfluten gebaut. Dazu wurde ein neuer Mündungslauf nördlich der alten Mündung gegraben. Der alte Mündungslauf wird heute als Hafen genutzt. Den Hafen sieht man auch während der Wanderung. Über das Sperrwerk verläuft die Bundesstraße 431. Damit die Schiffe aus der Peterswerft und dem kleinen Yachthafen die Brücke passieren können, lässt sie sie um 90 Grad in die Höhe klappen.

Info

- 🚌 kein ÖPNV
- 🅿 Parkplatz am Störsperrwerk in Wewelsfleth
- 🗺 Kompass-Wanderkarten Nordseeküste Von Hamburg Bis Dänemark WK 723
- 🍴 Gasthof zur Störmündung
  Ivenfleth 6
  25376 Borsfleth
  Tel.: 04124-89141
  www.pension-zur-stoermuendung.de
  (freitags bis sonntags)
- 🛏 Landgasthof Lüders
  Humsterdorf 15
  25599 Wewelsfleth
  Tel.: 04829-1801
  www.landgasthof-lueders.de
- ℹ Wilstermarsch Service GmbH
  Kohlmarkt 49
  25554 Wilster
  Tel.: 04823-9215950
  www.wilstermarsch-service.de
- ✚ Tierarztpraxis Dr. Hauke Thumann
  Neue Burger Straße 22
  25554 Wilster
  Tel.: 04823-94090
  www.tierarzt-thumann.de

Technik, die begeistert:
Störsperrwerk bei Wewelsfleth

TOUR 29

von Bielenberg nach Kollmar –
breiter Strand zum Baden – schlickfrei auch bei Ebbe

Der Hundestrand in Kollmar an der Elbe

Hundefreundlichkeit: Diese Tour ist sehr gut für große und bewegungsfreudige Hunde geeignet. Der Strand von Kollmar ist jedoch kein ausgewiesener Hundestrand. Aufgrund der Nähe zur Fahrrinne in der Elbe wird dieser Strand aber eher zum Chillen als zum Baden genutzt.

Tour-Info	↔ 5 km	🕐 1 Std.	↕ 6 / 0 m
Kategorie:	leicht		
Start-Ziel:	Kollmar, Langenhalsener Wetter		
GPS:	53°44'47.9"N 9°26'16.9"E		
Markierung:	keine Markierung		
Wegecharakteristik:	89 % Weg – 7 % Straße – 5% Nebenstraße		

Am Parkplatz Bielenberg führt der Weg zunächst erst einmal direkt hinunter an den Strand. Selten genug, dass man sein Auto quasi fast schon im Wasser parkt und auch selten genug, dass der Bus – sofern man mit den Öffentlichen anreist – einen in unmittelbarer Nähe des Tour-Startpunktes absetzt. Wenn der Hund seinen ersten Bewegungsdrang befriedigt hat, geht es auf dem gepflasterten Weg um das „Langenhalsener Wetter" und den **1** Bielenberger Yachthafen herum und den Elbwanderweg in Richtung Kollmar weiter. In die entgegengesetzte Richtung, bis nach Glückstadt – dort fahren die Fähren der Peterswerft – sind es zu Fuß noch etwas mehr als 5 km. Wir erkunden also lieber ausführlich den **2** Strand von Kollmar. Aufgrund der Nähe zur Fahrrinne in der Elbe wird dieser Strand aber eher zum Chillen als zum Baden genutzt. Daher können Hunde sich auf voller Breite auspowern. Selbst mitgebrachte Bälle, Stöckchen und Tampen oder in der Elbe angeschwemmtes Strandgut: An diesem Strand kann der Hund völlig sicher in der Uferzone der Elbe und tauchen, schwimmen und retten, was immer er zu retten gedenkt. Noch ein großer Vorteil: Wenn die Ebbe einsetzt, ist dieser Strand selbst

TOUR 29

Nicht jedes Schaf interessiert sich für Hunde

bei absolutem Niedrigwasserstand schlick- und schlammfrei. Den Strand wandert man für 700 m weiter, bis er sich von selbst verengt. Dann gibt es mehrere ausgetretene Pfade, die einen durch den Strandhafer und Heckenrosenbüsche bequem wieder auf den Elbwanderweg leiten. Es lohnt sich, diesen Weg mit bestem Blick auf die großen, vorbeiziehenden Schiffe in Ruhe zu genießen und entlang zu schlendern. Sollte das Wetter plötzlich nicht mehr mitspielen wollen, kann man natürlich jederzeit umkehren und zurück zum Auto eilen. Wer den windgeschützten Weg wählt und landseitig am Deichfuß zurückwandern möchte, der geht den Weg noch 1 guten km weiter. Kurz nachdem man den Kopf des 3 Leuchtturms Steindeich passiert hat, besteht die Möglichkeit, den Deich ohne großes Gekraxel zu überqueren und die wettergeschützte Rückseite zu erreichen. Von hier sind es noch einmal 2,2 km bis zurück zum Auto.

	Info
H	Bus 6521 bis Bielenberg „Elbblick"
P	Parkplatz am „Langenhalsener Wetter" an der Elbe
	Kompass-Wanderkarten Itzehoe - Naturpark Aukrug - Steinburg WK 713
¶¶	Hotel Kollmar Am Deich 1 25377 Kollmar Tel.: 04128-941910 www.hotel-kollmar.de (montags Ruhetag)
—	Hotel Kollmar Am Deich 1 25377 Kollmar Tel.: 04128-941910 www.hotel-kollmar.de
i	Amt Horst-Herzhorn Elmshorner Straße 27 25358 Horst (Holstein) Tel.: 04126-39280 www.amt-horst-herzhorn.de
+	Tierarztpraxis Dr. Thomas Frauen Dithmarschenstraße 12 25348 Glückstadt Tel.: 04124–1013 www.tierarzt-glueckstadt.de

Werbung

Niedersächsische Nordseeküste

TOUR
30

Freiburg an der Elbe – ruhige Deichwanderung – gemütlicher Hafen

Wo die Elbe in die Nordsee fließt

Hundefreundlichkeit: **Das Schöne an dieser Tour ist, dass man die ruhige Natur inklusive Elbblick direkt hinter dem Ortsausgang ganz für sich und seinen Hund alleine genießen kann. Sobald der Deich am Ende der Tour wieder begehbar ist, und man nicht vorzeitig umkehren muss, erreicht man bequem die Badestelle für Hunde.**

Tour-Info	↔ 5 km	⏲ 1 Std.	↕ 6 / 1 m
Kategorie:	mittelschwer		
Start-Ziel:	Freiburg/Elbe, Bürgermeister-Schild-Platz		
GPS:	53°49'27.4"N 9°17'15.3"E		
Markierung:	verschiedene Markierungen		
Wegecharakteristik:	76 % Weg – 15 % Bergwanderweg – 8 % Nebenstraße – 1 % Wanderweg		

Diese Tour startet in der Ortsmitte auf der Rückseite des Rathauses. Man biegt zunächst vom Parkplatz kommend links in die Blumenstraße ab und folgt der kleinen gepflasterten Straße bis zur ersten Kreuzung. Dann nimmt man den Weg nach links auf die Hauptstraße. Nach 150 m geht es an der Abzweigung kurz nach links und dann sofort nach rechts in den „Bäckergang". Gut aufpassen: Den sehr schmalen, zwischen zwei Häuserzeilen gelegenen Weg kann man leicht übersehen. An hübsch dekorierten Wohnzimmerfenstern und gepflegten Hauseingängen vorbei, erreicht man kurze Zeit später die Deichreihe. Es geht halb links weiter, bis man am **1** Kirchplatz und der St. Wulphardi Kirche herauskommt. Wieder wartet ein lauschiger, enger Gang – „Auf der Worth" –, den man nach rechts abbiegend entlanggeht. Jetzt am Ende noch einmal nach rechts und dann an der ersten Möglichkeit wieder nach links. Hier sieht man das Schild **2** Elbwanderweg. Am Deich geht es über einen bequem zu laufenden Weg durch die Wiesen – und sollten hier gerade Schafe unterwegs sein, sind diese hinter

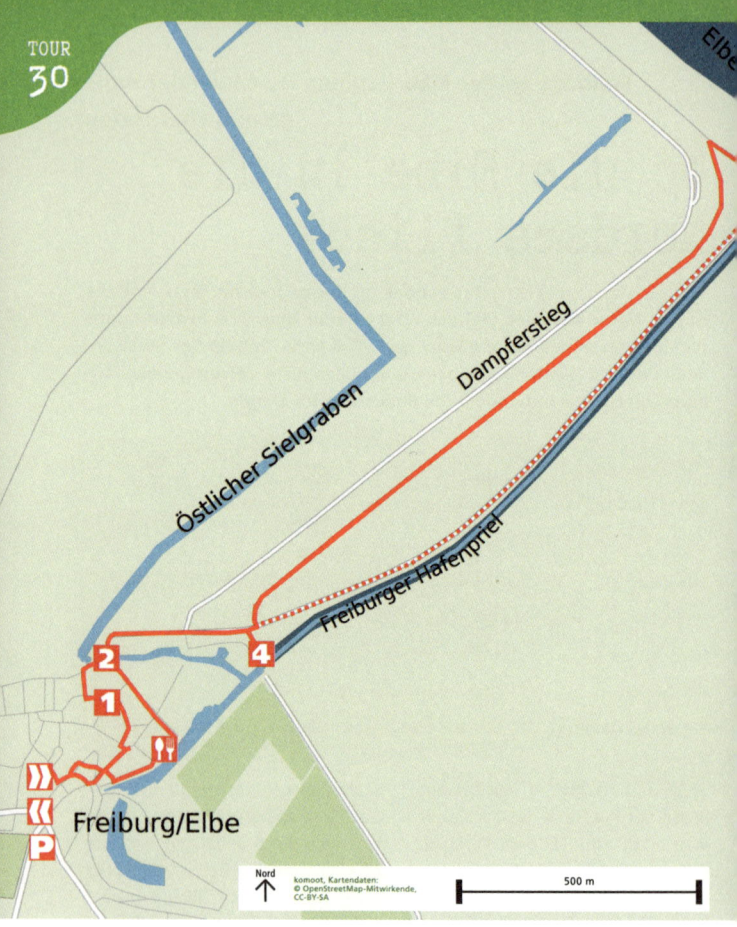

einem Zaun gut gesichert. Wenn man am 3 Radarturm angekommen ist, geht der Weg für gut 2 km weiter, bis sich eine bequeme Möglichkeit bietet, den Deich zu überqueren und auf der Landseite oder der Deichkrone (wenn dort keine Schafe weiden) zurückzugehen. Bei Redaktionsschluss waren gut 1,5 km ab dem Radarturm in Laufrichtung wegen Ausbesserungsarbeiten gesperrt. Also wieder zurück und dafür am 4 Sturmflut-Sperrwerk eine kleine Rast einlegen. Von hier aus kann man seinem Fernweh Bahn geben und den großen Frachtschiffen auf der Elbe hinterherschauen oder die kleinen Jollen und Segelboote auf dem Hafenpril beobachten. Rechts vom Sperrwerk

Der Radarturm markiert den Wendepunkt der Tour

besteht die Möglichkeit, den Hund ans Wasser des Hafenprils zu lassen. Das geht am besten bei höheren Wasserständen, da sich der Hund sonst leicht schlammige Pfötchen holt. Es geht zurück bis zum 2 Hinweis auf den Elbwanderweg. Hier biegt man links ab und geht die „Neue Straße" durch den kleine Ort zurück, bis man den kleinen Hafen erreicht. Längs der Hafenmole geht es nun am historischen Kornspeicher vorbei und nach 350 m erreicht man wieder die Hauptstraße. Die wird überquert und durch die Blumenstraße und die Straße An der Börne erreicht man den Ausgangspunkt der Tour.

Tipp

Von den offiziellen Stellen konnte bis zum Redaktionsschluss leider niemand sagen, wie lange die Deichbauarbeiten noch andauern werden. Informationen findet man dazu aber im Netz unter www.freiburg-elbe.de

Info

🚍	kein ÖPNV
🅿	Parkplatz gegenüber des Autohauses
🗺	Kompass-Wanderkarten Hamburg - Altes Land WK 726
🍴	Ristorante Pizzeria Al Porto Elbstraße 2 21729 Freiburg/Elbe Tel.: 04779-1366
🛏	Gut Schöneworth Landesbrücker Straße 42 21729 Freiburg / Elbe Tel.: 04779-92350
ℹ	Tourismusverband Landkreis Stade / Elbe e.V. Kirchenstieg 30 21720 Grünendeich Tel.: 04142-813838 www.urlaubsregion-altesland.de
✚	Christoph Kerth und Ingrid Kemme Praktische Tierärzte Birkenstraße 57 21737 Wischhafen Tel.: 04770-831110

TOUR 31

rund ums Bovenmoor – klassische Tour mit wenig Betrieb – märchenhafter Laubwald

Ein Fest für Spürnasen

Hundefreundlichkeit: Auf dieser Wanderung ist von weichen Waldwegen bis hin zu sandigen Trampelpfaden alles dabei. Der schattige Laubwald ist ideal, um bei heißem Sommerwetter eine für den Hund angenehme und etwas anspruchsvollere Tour zu unternehmen. Bei schlechtem Wetter bietet das dichte Laubdach guten Schutz vor Regen.

Tour-Info	↔ 9 km	⏱ 2 Std.	↕ 70 / 23 m
Kategorie:	mittelschwer		
Start-Ziel:	Wingst, Am Gehege/Ecke Westerhamm		
GPS:	53°44'01.1"N 9°02'08.7"E		
Markierung:	keine Markierung		
Wegecharakteristik:	73 % Wanderweg – 24 % Weg – 3 % Nebenstraße		

Gegenüber vom Gasthof Lütt Mandus startet man auf dieser Tour direkt an der Straßenecke nach rechts und folgt dem Fußweg für 450 m. Dann geht es wieder nach rechts, am Sportplatz vorbei, bis man nach ca. 550 m auf den **1** „Ernst-August-von-der-Wense-Weg" trifft. Kein Scherz: Hier im Wald haben alle Wege, egal wie klein und unwegsam, Namen. Und an der einen oder anderen Stelle stehen sogar kleine „Straßenschilder" mit diesen Namen an den Weggabelungen. Für etwas mehr als 1 km wandert man nun Richtung Süden den leicht sandigen Weg durch den Wald. Dieser Weg ist vorbildlich in einen Reitweg und einen durch leichtes Gebüsch getrennten Fußweg unterteilt. Sollte man also einem Reitenden begegnen, besteht keine Konfrontationsgefahr. Nun biegt man links ab und nach 300 m folgt eine leichte Bergauf-Strecke. Danach hält man sich an der nächsten Abzweigung rechts. Hier oben sollte man sich die Zeit nehmen und den Blick in Ruhe umherschweifen lassen. Die im Quadrat angelegten Waldwege bieten spannende Blickachsen und je nach Tageszeit entstehen durch das

TOUR 31

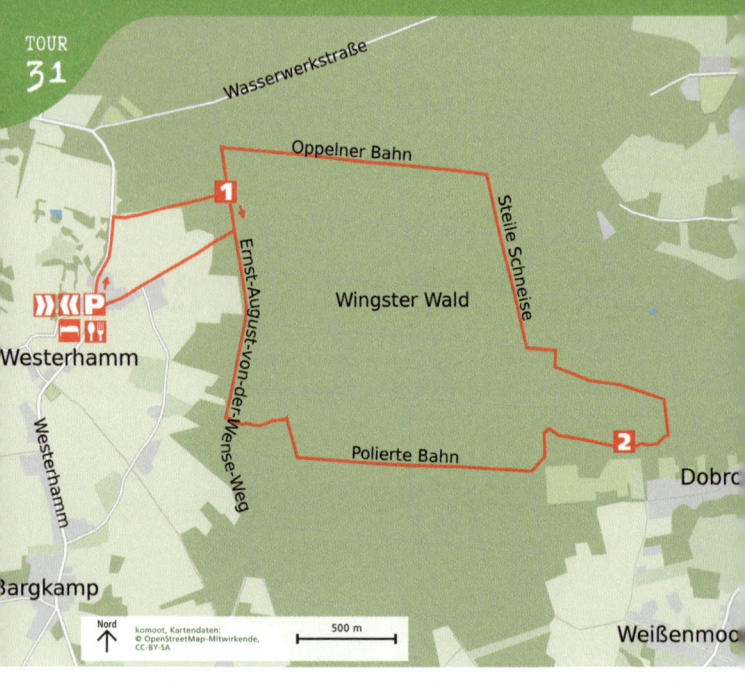

Laubdach des Waldes fast schon mystische Lichtreflexe. 200 m weiter geht es nach links auf die „Polierte Bahn", der man für 1,1 km folgt. Dann beschreibt der Weg eine leichte Linkskurve. Dieser Kurve folgt man und biegt nach 210 m scharf rechts ab. Nach 400 m muss man etwas aufpassen: Hier ist der Weg von schweren Waldarbeits-Maschinen stark ausgefahren. Durch die mit 2 Tonsteinen und Scherben gefüllten Rillen (bei nassem Wetter findet man tiefe Pfützen vor) sollte man sehr vorsichtig gehen, damit sich die Hunde keine Splitter in die Pfötchen laufen. Wir hoffen, dass diese und einige andere Stellen auf dem Weg bald mit Schotter und fester Erde gestampft werden. Nur 240 m weiter macht der Weg eine leichte Linksbiegung, der man folgt. An der nächsten Abzweigung geht es nach diesem kontinuierlichen Aufstieg gemächlich bergab, bis man am Ende des Weges ankommt. Jetzt geht es für eine kurze Strecke im Zickzack weiter: 100 m geradeaus, dann nach links und nach 140 m wieder nach rechts auf die „Steile Schneise". Wenn man nach einem guten km Bergabtour die „Oppelner Bahn" erreicht, geht es nach links, noch weiter den kleinen Berg hinunter. Nach 1,7 km trifft der Weg dann wieder auf den sandigen, für Pferd und Hund aufgeteilten „Ernst-August-von-der-Wense-Weg".

Schilder-Wald

Diesen Weg geht man jetzt am Schäferhunde-Ausbildungsplatz vorbei, bis zum Hinweisschild „Lütt Mandus". Hier nimmt man den zur Rechten abzweigenden Weg. Jetzt folgt man dem sich leicht bergab windenden Weg, vorbei an prächtigen Villen hinter ausladenden Hecken. Nach 770 m ist der Ausgangspunkt der Tour erreicht.

Hintergrund

Ihren Namen hat die Wingst der Sage nach von dem Riesen Wingis. Der hatte im Harz einen Silberschatz gefunden und wollte nun die Welt kennenlernen. Als er ans Meer kam, war ihm das viele Wasser plötzlich unheimlich. Also suchte er sich lieber einen erhöhten Platz, um dort zu bleiben: die Wingst. Sein Sohn Bolik wollte es dem Vater gleichtun. Von einer Wanderung brachte er einen riesigen Sack mit silbrigglänzenden Brocken mit. Stolz schüttete er seinen Schatz vor den Eltern aus – doch es waren nur ganz normale Steine. Aber der aufgeschüttete Steinhaufen heißt bis heute Silberberg. unter www.freiburg-elbe.de

Info

🚌	Bus 1055, 1066, 1063 bei Wingst, Lütt Mandus
🅿	Gegenüber vom Gasthaus Lütt Mandus
🗺	Kompass-Wanderkarten Hamburg - Altes Land WK 726
🍴	Landgasthaus Lütt Mandus Westerhamm 58 21789 Wingst Tel.: 04777-93440 www.landgasthaus-wingst.de
⛔	Landgasthaus Lütt Mandus Westerhamm 58 21789 Wingst Tel.: 04777-93440 www.landgasthaus-wingst.de
ℹ	Tourist-Information Otterndorf Historisches Rathaus Rathausplatz 1 21762 Otterndorf Tel.: 04751-919131 www.otterndorf.de
✚	Tierarzt Thomas Mill Himmelreich 3a 27189 Wingst Tel.: 04841-1330

**über Feld, Wald und Wiesen –
naturkundliche Wanderung mit Ausblick**

Zwischen Oste und Belumer Schleusenfleth

Hundefreundlichkeit: **Diese abwechslungsreiche Tour führt durch Park und Wald, über Wiesen und Deiche. Schafe und Kühe halten freundlicherweise gut gesichert und eingezäunt Abstand. Die hundefreundliche Gastronomie auf dem Campingplatz und dem Naturzentrum am Wegesrand halten für Hunde gerne einen Napf frisches Wasser.**

Tour-Info	↔ 8 km	⏱ 2 Std.	↕ 9 / -1 m
Kategorie:	leicht		
Start-Ziel:	Neuhaus/Oste, Kirchplatz		
GPS:	53°48'05.9"N 9°02'05.6"E		
Markierung:	keine Markierung		
Wegecharakteristik:	42 % Straße – 32 % Weg – 27 % Nebenstraße		

In Neuhaus steht die Kirche mitten im Dorf. Und hier startet auch die Tour. Die Poststraße entlang, am historischen Gerichtsgebäude vorbei, in Richtung Ortsausgang, bis man nach etwas mehr als 300 m den Eingang zum **1** Bürgerpark erreicht. Nur nicht abschrecken lassen von den etwas heruntergekommenen Gebäuden, die den Zugang zum benachbarten Sportplatz säumen: Hier verlässt man den Gehweg nach rechts, passiert eben jenen Sportplatz und schon hat man die Zivilisation hinter sich gelassen. Hier im Bürgerpark, der fast schon als ausgewachsener Stadtwald daherkommt, können mitwandernde Hunde ihren Nasen ordentlich Abwechslung bieten. Welchen Weg man durch den Bürgerpark nimmt, ist nicht wichtig, da alle Wege am Ende nach mehr oder weniger 750 bis 800 m am Pumpwerk enden. Hier geht es über einen kleinen Steg. Direkt hinter dem **2** Pumpwerk befindet sich eine schöne Möglichkeit für Hunde zum Baden. Nach der gelungenen Abkühlung folgt man dem Weg über die Schleusenstraße hinüber und geht weiter geradeaus auf dem Deich an der Werft

Vom Deich blickt man über die Oste bis zur Elbe

entlang. Nun geht es immer der Nase nach und wenn man nach einer weiten Rechtskurve am Ende des Deiches an der Straße ankommt, hält man sich links. Längs des Deiches geht es nun, den Ort im Rücken, für 1,1 km in Richtung Ferienhaussiedlung. Gegenüber des „Erikaweges" führt eine kleine Treppe über den Deich. Diese sollte man unbedingt nehmen, denn die nächste Treppe, die knapp 300 m weiter auf den Deich führt, endet an einem Zaun. Das heißt: Hund über den Zaun tragen oder bis zum „Erikaweg" zurückgehen. Also: Treppe rauf, über den Deich und hinten wieder runter, dann rechts auf die Straße „Neuhäuser Deich" einbiegen. Hier geht es jetzt für einen km landseitig des Deiches entlang bis man an der **3** Bushaltestelle nach rechts auf den Deichkronenweg biegt. Dem folgt man, bis nach 800 m den Eingang zum Waldweg erreicht wird. Links sollte man übrigens – von der Bushaltestelle kommend – nicht gehen, da hier die Landwirte den seeseitigen Zugang zum Deichweg kurzerhand abgesperrt haben. Der Waldweg führt jetzt schattig und windgeschützt für knapp 700 m hinter dem **4** „Natureum Niederelbe" entlang und mündet

Neuhaus an der Oste ist ein gepflegtes, kleines Städtchen

auf dem großen Parkplatz vor dem Naturzentrum. Hier kann man kurz einen Kaffee trinken, ein nicht ganz billiges Stück Kuchen essen und vor allem dem Hund einen Napf frisches Wasser servieren. Oder man läuft, quer über den Parkplatz in Richtung Oste-Sperrwerk und biegt dann kurz vor dem Fluss nach rechts ab. Nun folgt man dem Weg, bis dieser in eine 5 Wiese übergeht. Auf der Wiese kann man längs der kleinen Straße wieder bis zurück zum Deich gehen, den man nach 1,8 km erreicht. Hier hält man sich links und kommt so wieder an der Werft vorbei. Jetzt geht man nicht über die Straße zurück in den Bürgerpark, sondern hält sich links und steuert auf das kleine Fachwerkhaus am Deich zu. Das Häuschen passiert man und wandert weiter geradeaus in den Ort hinein.

Viele kleine, sich aneinander schmiegende Häuser, die früher einmal von Fischern, Kapitänen und Handwerkern bewohnt waren, ducken sich rechts und links der Deichstraße. Während das bei schönem Wetter alles sehr malerisch aussieht, kann man sich bei Nieselregen und Gegenwind gut vorstellen, dass das Leben hier früher kein Zuckerschlecken war. Nach ca. 300 m biegt man rechts in die „Querstraße" ab und folgt dieser, bis man wieder am Kirchplatz, gegenüber des Alten Brauhauses ankommt.

Tipp

Das Küstenmuseum im „Natureum Niederelbe" zeigt eine spannende Dauerausstellung. Die Ausstellung „Lebensader Elbstrom – Brücke zwischen den Welten" informiert mit Bildern, Exponaten und interaktiven Stationen über die Einzigartigkeit der Elbmündung mit ihrer faszinierenden Tier- und Pflanzenwelt sowie über die große Bedeutung der Elbe als Drehscheibe für Zugvögel, Wanderfische und den globalen Handel. Wer sich für Bernstein und dessen Geschichte interessiert, der ist im Hauptgebäude bestens aufgehoben. Dort kann man die Ausstellung „Bernstein – Gold der Küste" mit über 300 Objekten sehen, darunter seltene Einschüsse, kunstvolle Schnitzereien und wertvolle Schmuckstücke. (www.natureum-niederelbe.de)

Info

H	kein ÖPNV
P	Parkplatz vor der Kirche, gegenüber vom Brauhaus
🗺	Kompass-Wanderkarten Bremerhaven - Cuxhaven WK 400
🍴	Brauhaus Alt Neuhaus Bei der Kirche 1 21785 Neuhaus (Oste) Tel.: 04752-841033 www.ulex.de
🛏	Hotel Cadenberge Am Markt 5 21781 Cadenberge Tel.: 04777-808988
i	Tourismuszentrale Wingst Hasenbeckallee 1 21789 Wingst Tel.: 04778-81200 www.wingst.de
✚	Tierklinik Oberndorf F. Wolff Praktischer Tierarzt Ostlandring 35 2178 Oberndorf Tel.: 04772-86254

von der Otterndorfer Schleuse an die Elbe – ruhige Natur – Badevergnügen

Am Hadelner Kanal

Hundefreundlichkeit: Diese Tour bietet viele Bademöglichkeiten und eine fast unbegrenzte Freiheit. Außerhalb der Schaf- und Kuh-Saison können Hunde sich zudem auf der Deichkrone austoben. Kleine Wege, wenig Verkehr und viel Grün und Ruhe abseits der bekannten Pfade bieten für Hund und Halter eine schöne Wanderung.

Tour-Info	↔ 9,5 km	⏰ 2 Std.	↕ 2 / -1 m
Kategorie:	leicht		
Start-Ziel:	Otterndorf, Parkbuchten am Hof Marienthal		
GPS:	53°49'22.4"N 8°53'46.3"E		
Markierung:	keine Markierung		
Wegecharakteristik:	70 % Straße – 18 % Weg – 11 % Nebenstraße		

Vom Startpunkt aus geht es – den Deich im Rücken – über die hölzerne Fußgängerbrücke in Richtung Ortsausgang die „Schleusenstraße" entlang. Nach 650 m folgt man dem kleinen **1** „Piratenweg", der von der Straße abzweigt und zwischen den Häusern hindurch auf den „Koggenweg" führt. Jetzt biegt man rechts ab und bleibt weiter im Wohngebiet. Es geht links in den „Barkassenweg", dann weiter links in den „Kutterweg" und schließlich nach rechts ins „Kiebitzhörn". 300 m weiter biegt man links auf den Wanderweg in Richtung „Liebesweg" ab. Jetzt geht für gut anderthalb km immer nur geradeaus; man lässt das Wohngebiet hinter sich und taucht nach dem Überqueren des „Ahornweges" in die unberührte Natur ein. Kurz nachdem man links abgebogen ist, kommt auf der rechten Seite der **2** Deichhof Johannssen. 200 m weiter erreicht man dann den Hadelner Kanal. Hier bietet sich rechts am Bootssteg die erste von mehreren ⬤ Badestellen. Hinter der Brücke biegt man nach rechts ab, lässt das wunderschöne reetgedeckte Fachwerkhaus links liegen und folgt der kleine Straße am Kanal entlang. Nach einem guten km kommt man erneut an einer von mehreren ⬤

TOUR 33

NSG Hadelener und Belumer Außendeich

nur im Winter

Badestelle

Badestelle

Hadelener Kanal

Otterndorf

Stader Straße

B73

Medem

oße Ortsstraße

Nord

komoot, Kartendaten:
© OpenStreetMap-Mitwirkende,
CC-BY-SA

500 m

Viel Weite und noch mehr Nichts: Otterndorfer Elbmündung

Badestellen vorbei. Das Wasser im Kanal ist so sauber, dass es der Hund ohne Probleme trinken kann. Leider liegen diese Bademöglichkeiten nicht im Schatten der großen Bäume, die das Kanalufer in kleinen Gruppen säumen. Man muss ich also entscheiden: Zweibeinige Rast im Schatten oder vierbeiniges Badevergnügen in der Sonne. Einen guten km weiter bestünde die Möglichkeit, über die Deichkrone auf die Elbseite des Deiches zu wechseln, um dann auf der rückwärtigen Deichseite zurück nach Otterndorf zu wandern. Leider haben die örtlichen Landwirte die Zuwegungen abgesperrt: Auf dem Deich grasen ihre Kühe und Rinder. Als Konsequenz ist diese Tour während der Sommermonate hier zu Ende und man geht am ❸ Kanal wieder zurück. Im Winter kann man den Rückweg auf dem Deichkronenweg bestreiten. An der Brücke hinter dem Reetdachhaus angekommen geht es weiter geradeaus. Nach 1,4 km erreicht man die ❹ Schleuse mit dem dahinter liegenden Otterndorfer Segelhafen. Dem über die Schleuse und dann bergabführenden Weg folgt man, bis man den Ausgangspunkt der Tour wieder erreicht hat.

Info

🚌	kein ÖPNV
🅿	Kurz hinter der Brücke in der Ortsmitte, am Straßenrand vorm Hof Mariental, am Weg zur Schleuse.
🗺	Kompass-Wanderkarten Bremerhaven - Cuxhaven WK 400
🍴	Restaurant Elbterrassen Schleuse 18 21762 Otterndorf Tel.: 04751-2213 www.restaurant-elbterrassen.de (montags Ruhetag)
🏨	Hotel am Medem-Ufer Goethestraße 15 21762 Otterndorf Tel.: 04751-99990
ℹ	Tourist-Information Otterndorf Historisches Rathaus Rathausplatz 1 21762 Otterndorf Tel.: 04751-919131 www.otterndorf.de
✚	Tierarztpraxis Otterndorf Dr. Werner Rietbrock Scholienstraße 21 21762 Otterndorf Tel.: 04751-3303

Tipp

Am Wendepunkt dieser Tour weiterzugehen, um dann am gegenüberliegenden Ufer des Kanals zurückzuwandern, ist keine gute Idee. Zum einen wird der Wanderweg nur zweimal im Jahr gemäht. Außerdem ist er sehr dornig und voller Gestrüpp. Zum anderen haben die Landwirte jeden Zentimeter genutzt und ihre Felder teilweise in den Weg hinein bis an den Kanal bestellt. Im Herbst, wenn alle Felder abgemäht sind oder im Winter bei gefrorenem Boden ist der Weg jedoch eine attraktive Alternative zur vorgestellten Tour.

von Gudendorf bis Oxstedt –
unberührte Heidelandschaft – Gudendorfer See

Im Naturschutzgebiet Küstenheide

Hundefreundlichkeit: Diese Tour besteht größtenteils aus unberührter Heide- und Waldlandschaft. Hier können Hunde viele Freiheiten genießen. Die unterschiedlichen Geruchswelten fordern die sensiblen Nasen der Vierbeiner. Als schöne und im Sommer erfrischende Erweiterung der Tour bietet sich der nahegelegene Gudendorfer See an.

Tour-Info	↔ 9 km	⏱ 2 Std.	↕ 30 / 8 m
Kategorie:	leicht		
Start-Ziel:	Gudendorf, Marinebahn/Oxter Weg		
GPS:	53°48'13.1"N 8°39'47.4"E		
Markierung:	keine Markierung		
Wegecharakteristik:	34 % Wanderweg – 32 % Nebenstraße – 31 % Weg		

Diese Tour startet sehr gemächlich und entspannt mit lockeren drei km zum Aufwärmen. Es geht vom Startpunkt aus 500 m den „Oxter Weg" zur Bundesstraße entlang, dann links auf dem Fußweg bis zur nächsten Kreuzung. An der Fleischverarbeitung rechts ab, geht es für gut 2 km bis ins kleine Dörfchen Oxstedt. Dort fängt der Spaß an, es geht nämlich in die **1** Küstenheide. Kurz hinter dem Ortseingangsschild überquert man die Straße nach rechts und schlägt den Weg in den Wald ein. Die ersten 600 m ist der Weg recht eng bewachsen und an den Seiten von Dornen und Brennnesseln gesäumt. Nachdem man am Tor des ehemaligen Munitionslagers der Marine vorbeigekommen ist, lässt sich der folgende Kilometer etwas bequemer gehen. Den Hund stört es sicherlich nicht, dass Sträucher, Büsche, Äste und Gräser einem schnellen Vorankommen etwas im Wege stehen. So ist wenigstens für seine olfaktorische Unterhaltung gesorgt. Jetzt heißt es aufpassen, denn die **2** Abzweigung nach rechts ist vor lauter kleinen Tannen und Heidebüschen kaum auszumachen. Weitere 150 m

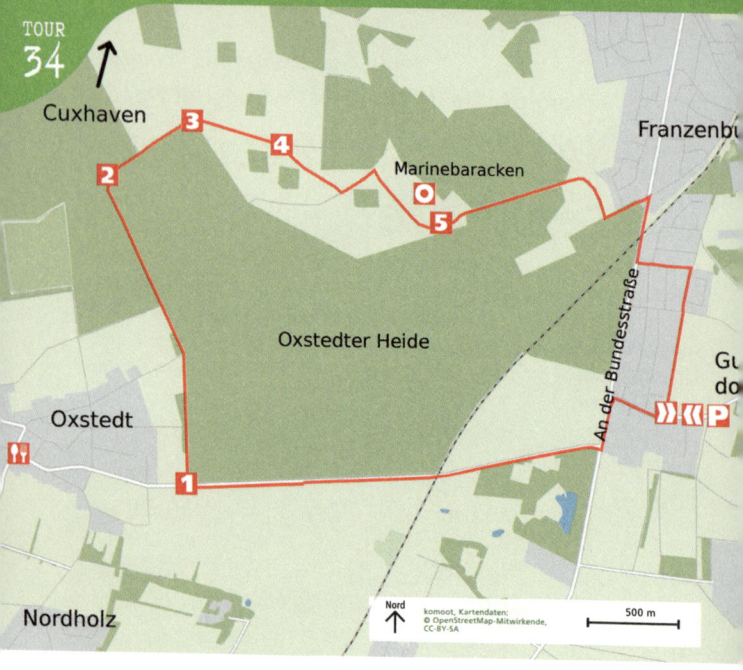

Tipp

Auf der gesamten Tour gibt es keine natürliche Wasserquelle. Im Sommer ist es also wichtig, an ausreichend Wasser für die mitwandernden Vierbeiner zu denken! Als Entschädigung für die trockene Tour besteht am Ende der Wanderung die Möglichkeit, zu Fuß (ca. 20 Minuten) oder mit dem Auto (5 Minuten) zum Gudendorfer See zu gehen oder zu fahren. Im Sommer ist der Baggersee insbesondere an Wochenenden gut besucht; an Wochentagen eher weniger. Um den See führt ein schöner Rundweg; Hunde haben die Möglichkeit, an mehreren Stellen ins Wasser zu springen.

den sehr bewachsenen Weg entlang im wahrsten Wortsinn über Stock und Stein geschlichen, biegt man wieder rechts ab und folgt dem nun sehr gut ausgebauten Wanderweg für 600 m bis zur Ecke des Waldes und dem **3** Notfallpunkt auf der linken Seite. Hier steht gegenüber dem Notfallschild im Waldschatten eine kleine Bank, die zur Rast einlädt. Die Landschaft dieses verlassenen Truppenübungsplatzes gibt besonders im heißen Sommer keinen Ton von sich. Von der blühenden Heide im August abgesehen, könnte es so auch auf dem Mond aussehen. Jetzt geht man weiter durch die Heide und biegt nach knapp 500 m an der **4** Gabelung halb rechts ab. Die Hinweisschilder sagen zwar, man möge doch bitte geradeaus weiter gehen; rechts entlang ist aber die

Leuchtturm aus Strohballen

Hintergrund

Die Cuxhavener Küstenheiden sind in ihrer Ausdehnung und Ausprägung einmalig für Deutschland. Im Naturschutzgebiet finden über 200 gefährdete Tier- und Pflanzenarten eine Lebensgrundlage. Inmitten des Naturschutzgebietes trifft man auf das ehemalige Marinemunitionsdepot Oxstedt. Die Einrichtung war für die Deckung des Munitionsbedarfes der See-, Luft- und Landeinheiten der Bundesmarine im Nordseeraum zuständig. Seit 2005 ist das Depot aufgelöst.

landschaftlich schönere Strecke. Und der Hund kann weiter durch die Heide stromern. Am Ende des Weges angekommen, kann man rechts zurück nach Oxstedt gehen. Oder – wie vorgeschlagen – links herum zu den ehemaligen 🅾 Marinebaracken. Dort angekommen geht es die breite, aber für Fahrzeuge aller Art gesperrte und daher völlig menschenleere Straße nach rechts ab. Für die nun weiteren knapp 1,5 km folgt man dieser Straße

travel + dog = troggle

Entspannt mit dem Hund verreisen – sei es allein, zu zweit oder mit der ganzen Familie, gemeinsam an einsamen Stränden toben oder Spuren im Schnee hinterlassen, in der Natur wandern oder Europas Metropolen erkunden, auf jeden Fall ungewöhnliche Orte entdecken und Einmaliges erleben!

troggle.com   facebook.com/troggle

mit allen Kurven und Bögen. Gegenüber des Haupteingangs dieser verlassenen Anlagen, am 5 Hinweisschild, dass man sich auf einer Privatstraße des Bundes befindet, sollte man tunlichst nicht rechts in den Wald gehen und der vermeintlichen Abkürzung folgen. Sie verliert sich nach ca. 300 Metern im Halbdunkel des Dickichts. Wenn man das Ende der Privatstraße erreicht hat, heißt es links abbiegen bis zur Kreuzung. Dann geht es über die Ampel und auf der gegenüberliegenden Straßenseite nach rechts. Jetzt folgt man dem Fußweg für knappe 300 m und biegt dann links in die „Hölderlinstraße" ein. Der folgt man bis zum Ende und macht dann einen Schwenk nach rechts. Jetzt ist man wieder auf der Marinebahn und hat nach weiteren gut zehn Minuten den Ausgangspunkt der Tour erreicht.

Info	
🏨	kein ÖPNV
🅿️	Marinebahn, am Straßenrand Höhe Nr. 29 (Schattenplatz)
🗺️	Kompass-Wanderkarten Bremerhaven - Cuxhaven WK 400
🍴	Oxstedter Hof Oxstedter Straße 10 27478 Cuxhaven - Oxstedt Tel.: 04723-5058724
🛏️	Hotel Restaurant Neuses Schmetterlingsweg 6 27478 Cuxhaven - Altenwalde Tel.: 04723-4169 www.hotel-neuses.de
ℹ️	Nordseeheilbad Cuxhaven Cuxhavener Str. 92 27476 Cuxhaven Tel.: 04721-4040 www.tourismus.cuxhaven.de
✚	Tierarztpraxis Dorum Dr. Ingo Alpers Speckenstraße 10 27632 Dorum Tel.: 04742-926301

Rund um die Oxstedter Heide ist die Landschaft bunt und vielfältig

TOUR
35

rund um Dorum-Neufeld –
Meerblick – grünes Hinterland

Hinterm Deich geht's weiter

Hundefreundlichkeit: Hundefreundlichkeit wird in Dorum groß geschrieben. Der Ort hat einen schönen Hundestrand, eine große Freilaufwiese und es bietet die Möglichkeit, den Hund mit über den Deich zu nehmen. (Der Deichkronenweg selbst ist wegen der Schafe im Sommer für Hunde gesperrt). Am Teich am Ortseingang besteht zudem die Möglichkeit, im Süßwasser zu baden und ausreichend zu trinken.

Tour-Info	↔ 3,5 km	⏲ 45 Min	↕ 3 / 1 m
Kategorie:	leicht		
Start-Ziel:	Dorum-Neufeld, Parkplatz Restaurant Ventini		
GPS:	53°44'01.0"N 8°31'29.0"E		
Markierung:	weißer Punkt auf schwarzem Grund „Dorfweg"		
Wegecharakteristik:	50 % Nebenstraße – 40 % Straße – 8 % Weg – 2 % Wanderweg		

Vom Parkplatz geht man rechts die Straße „Sieltrift" hinunter, bis man nach 700 m am **1** Deich ankommt. Jetzt muss man sich entscheiden: ⊙ Hundestrand, Deichwanderweg See- oder Landseite oder durch Wiesen und Marschen weiterwandern? Der Hundestrand ist noch einmal gute 300 m weiter, bei strömendem Regen allerdings nicht sehr empfehlenswert. Der seeseitige Deichvorweg ist auf beiden Seiten des Deiches wegen Bauarbeiten gesperrt (s. u.). Als Alternative empfiehlt es sich also, die 300 m am Deich bis zur **2** Wegsperrung zu gehen, um dann links in Richtung Feriensiedlung abzubiegen. Hier folgt man dem weißen Punkt auf schwarzem Grund, dem „Dorfweg". Nach 500 m hat man die Ferienhaussiedlung hinter sich gelassen und das schöne Reetdachhaus zur Linken passiert. Ab hier kann man den Hund wunderbar die Gräben und Wiesen rechts und links des Weges auf „eigene Nase" erkunden lassen. Nach einem km querfeldein kreuzt der „Dorumer Altendeich" den Weg:

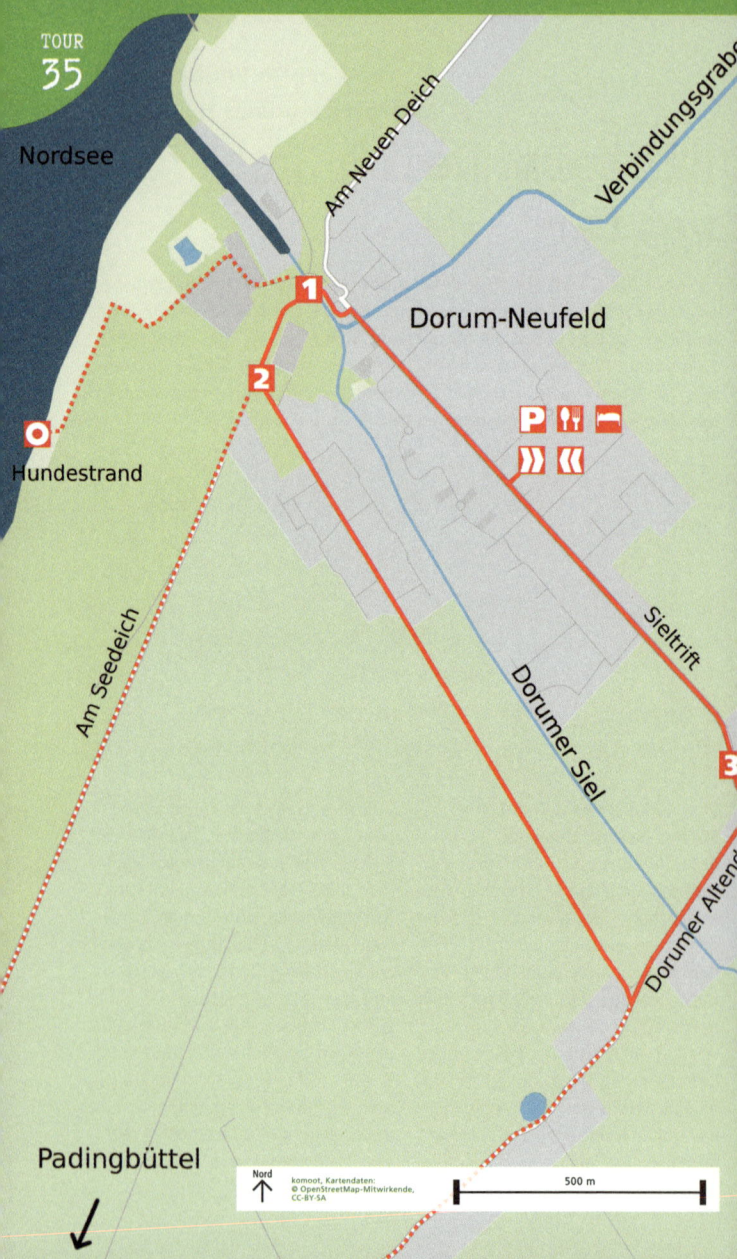

Jetzt geht es entweder rechts nach Padingbüttel und am Deich entlang zurück nach Dorum (was momentan aufgrund der Bauarbeiten am Deich nicht möglich ist). Oder man geht nach links und stößt nach einem halben km auf die Straße „Sieltrift" und den **3** historischen Dorfteich. Hier laden Bänke unter Weiden zum Verweilen ein und der Teich lockt wohl jeden Vierbeiner ins Wasser. Besonders bei sehr warmem und sonnigem Wetter ist ein Schlenker um den See herum zu empfehlen, da es am (Hunde-)Strand sehr voll sein wird. Den Teich kann man fast für sich und seinen Hund alleine genießen. Die große hölzerne Skulptur stellt übrigens einen Aal dar; die dazugehörige Geschichte vom „Schwarzen Wehl" wird auf einer Informationstafel erklärt.

Hintergrund

Die Geschichte vom „Schwarzen Wehl" handelt vom gierigen und geizigen Bauer Pecke und seiner Frau Sille, die – lange bevor der heutige Deich gebaut wurde – hinter dem alten Deich wohnten. Beide haben den Dornumer Dorfbewohnern immer wieder das Strandgut vor der Nase weggeschnappt und sich viele Jahre auf deren Kosten bereichert. Eines Tages haben sie den Aalkönig gefangen und ihn dummerweise als Festmahl verspeist. Daraufhin brachen Blitz und Donner über Pecke und Sille herein. Der Deich brach, das Haus brannte ab und versank in den Fluten und nachdem das Wasser wieder abgelaufen war, blieb nur ein tiefes schwarzes Loch. Wie gut, dass die Dorumer dann Peckes und Silles Land verkauften und vom Erlös drei goldene Kronen und drei silberne Spangen für die Aale schmiedeten. Nun schloss sich der Deich und die Flut blieb für alle Zeit draußen. Und wenn heute Menschen die silbernen Spangen zu Gesicht bekommen, dann sind sie für ihr ganzes Leben glücklich.

Werbung

FUNCTIONAL STUFF
www.annyx.de

Schöne Reetdächer am Weg zwischen Dorum und Padingbüttel

Tipp

Sobald die Deichbauarbeiten abgeschlossen sind, kann man vom Strandübergang in Dorum auf der Land- und Wasserseite des Deiches bis nach Padingbüttel (und natürlich noch weiter) wandern. Bei Redaktionsschluss war leider noch nicht zu erfahren, wann genau die Arbeiten beendet sein werden. Informationen dazu gibt es auf www.wursternordseekueste.de

Wenn der Hund genug getrunken und gebadet hat und die mitwandernden Zweibeiner genug Döntjes und Spökenkiekereien über Aalkönige, schwarze Wehle und geizige Frauen gelesen haben, geht die Tour auf der „Sieltrift" weiter in Richtung Ortskern. Nach einem guten km erreicht man schließlich wieder den Ausgangspunkt der Tour.

Info

🅷	Bus 526, Haltestelle „Sieltrift"
🅿	Hotel/Restaurantparkplatz Ventini
🗺	Kompass-Wanderkarten Bremerhaven - Cuxhaven WK 400
🍴	Restaurant Ventini Sieltrift 37 27639 Dorum-Neufeld Tel.: 04741-39101
⛔	Cuxland Hotel Sieltrift 37 27639 Dorum-Neufeld Tel.: 04741-390 www.thomascook.de/ hotels/32185-cuxland-dorum
ℹ	Kurverwaltung Wurster Nordseeküste Am Kutterhafen 3 27639 Wurster Nordseeküste Tel.: 04741-9600
✚	Tierarztpraxis Dorum Dr. Ingo Alpers Speckenstraße 10 27632 Dorum Tel.: 04742-926301

Badevergnügen im Süßwasserteich

TOUR 36

von Flögeln durchs Ahlen-Falkenberger Moor – Badeteiche – Naturlehrpfad

Die Zwei-Seen-Tour

Hundefreundlichkeit: Durch mehrere Bademöglichkeiten und sehr viele Freilaufmöglichkeiten ist diese Tour eine der hundefreundlichsten Wanderungen überhaupt. Moor, Weide, Heide und Wiesen bieten vierbeinigen Spürnasen enorme Abwechslung. Schattige Strecken und Rastmöglichkeiten sorgen im Sommer für angenehm kühlende Luft um die Nase.

Tour-Info	↔ 12,5 km	⏲ 2,5 Std.	↕ 2 / 0 m
Kategorie:	mittelschwer		
Start-Ziel:	Flögeln, Kirche		
GPS:	53°39'51.8"N 8°48'17.2"E		
Markierung:	keine Markierung		
Wegecharakteristik:	62 % Wanderweg – 25 % Straße – 13 % Nebenstraße – 1 % Weg		

An der Flögelner Kirche geht es los. Zunächst um die Kirche herum und dann nach links auf die „Flögelinger Straße". Hinter dem Ausflugslokal „Am See" biegt man rechts ab und verlässt die Zivilisation für den ersten von vielen abwechslungsreichen Kilometern. Nach ziemlich genau einem km erreicht man den „Ahlenweg" mit der kleinen Brücke über den Dahlemer Seeabfluss. Hier besteht – je nach Zustand der Wiese am Pumpwerk – die Möglichkeit, den Hund zum Trinken an das Gewässer zu lassen. Dann geht es nach rechts über die Brücke und ein kurzes Stück die Straße entlang. Nach 200 m sieht man ein kleines Wartehäuschen. Dort biegt man links ab . An Feldern und Wiesen vorbei, führt uns dieser gepflasterte Weg für anderthalb km bis in den Wald hinein. An der **1** grünen Bank geht es dann rechts ab, noch etwas tiefer in den Forst. Dem Weg durch dichtes Grün folgt man um die scharfe Rechtskurve herum bis zur ersten Möglichkeit, nach links abzubiegen. Hier wartet eine sehr angenehmen Bodenbeschaffenheit: Weicher Moorboden, dick mit Rindenmulch belegt. 300 m weiter, an der nächsten Abzweigung, hält man sich links und folgt dem geschotterten Weg

TOUR 36

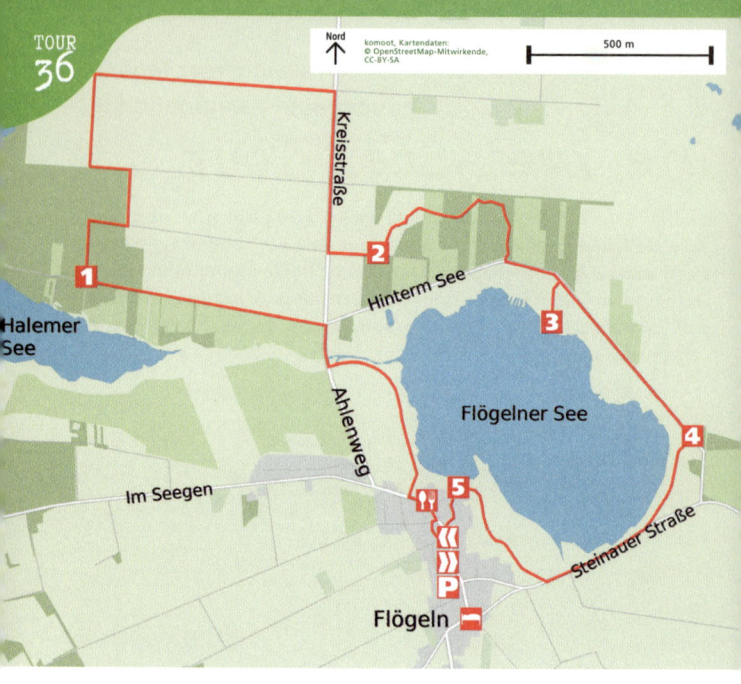

am Waldrand. Nach 500 m nimmt man die ersten Möglichkeit nach rechts und geht den immer noch geschotterten Weg für 1,4 km durch die Felder, bis man die „Kreisstraße" erreicht. Wer jetzt geradeaus weiter auf dem „Fünfseenweg" geht, erreicht nach 2 km ein sumpfiges Naturschutzgebiet und muss wieder umkehren. Also lieber gleich für knapp einen km auf der „Kreisstraße" Richtung Süden wandern, um dann die zweite Abzweigung nach rechts zu nehmen. Nach weiteren 300 m folgt der Eingang zum **2** Moor-Erlebnispfad. Die nun folgenden 1,3 km sind sehr informativ und abwechslungsreich gestaltet. Hier erfahren wir alles über Irrlichter, Moorleichen, Torfstechen und darüber, warum an manchen Tagen mehr Mücken im Moor unterwegs sind, als an anderen Tagen. Tipp: Nehmen Sie sich bei dieser Tour am besten immer ausreichend Mückenschutzspray mit. Über Bohlenwege und moosige Pfade schlängelt sich der Lehrpfad durch ein Birkenwäldchen und an 14 interaktiven Schautafeln vorbei. Am Ende des Pfades hält man sich links und folgt der kleinen Straße um den See herum für zwei km. Nach 500 m besteht die Möglichkeit, zwischen den kleinen Ferienhäusern hindurch zu einer wild-romantischen **3** Badestelle am Flögelner See zu wandern. Der kleine Umweg lohnt sich für die schöne Aussicht, ein bisschen Schatten und die Bademöglichkeit für Hunde. Auf der Bank sitzt man übrigens meistens alleine und kann in Ruhe eine Brotzeit genießen. Nachdem sich der Wald zur Rechten etwas gelichtet hat, nimmt man die 4 Abzweigung auf den grünen Damm und folgt nach 600 m weiter der kleinen Straße. Nach weiteren 600 m hält man sich links, folgt dem Deich zwischen Dorf und See, bis man nach 700 m erneut eine 5 Badestelle erreicht. Hier können die Hunde noch einmal in den See springen, bevor es nach links wieder zurück zur Kirche und zum Ausgangspunkt dieser Wanderung geht.

Hintergrundinfo

Der Moorerlebnispfad liefert Spannendes und Außergewöhnliches zum Hochmoor. An 14 Stationen erhält man Informationen zu Pflanzen, Tieren, Ökologie und Moorentstehung.
www.ahlenmoor.de

Info

H	kein ÖPNV
P	Parkplatz an der Kirche, Ortsmitte
📍	Kompass-Wanderkarten Bremerhaven – Cuxhaven WK 400
🍴	Gasthof am See Flögelinger Str. 50 27624 Geestland - Flögeln Tel.: 04745-7543 www.gasthof-am-see.de
🛏	Landgasthof Seebeck Flögelinger Straße 8 27624 Geestland - Flögeln Tel.: 04745-1606 www.landgasthof-seebeck.de
i	Stadt Geestland Sieverner Straße 10 27607 Geestland Tel.: 04743-9371111 www.geestland.eu
✚	Tierärztliche Gemeinschaftspraxis Dr. Haunroth, Warmann & Warmann Raiffeisenstraße 55 27624 Bad Bederkesa Tel.: 04745-6101 www.haunroth-warmann.de

Hundemöglichkeit mit Aussicht: Flögelner See

rund um Nordenham – Weserdeich –
Wiesen, Felder, Teiche

Industrieromantik und Weserpanorama

Hundefreundlichkeit: Neben einem erfrischenden Bad in der Weser können Hunde auf dieser Tour in mehreren Teichen baden. Unterwegs kommt man an einem sehr hundefreundlichen Kiosk mit Hundewasser vorbei. Die Schafe am Deich verstecken sich hinter einem robusten Zaun und auf den Wegen durch die Wiesen und Felder kann der Hund gefahrlos kreuz und quer laufen.

Tour-Info	↔ 15,5 km	⏲ 3,5 Std.	↕ 6 / -2 m
Kategorie:	mittelschwer		
Start-Ziel:	Nordenham, Fußballplatz Friedrich-August-Hütte		
GPS:	53°30'50.4"N 8°29'09.3"E		
Markierung:	keine Markierung		
Wegecharakteristik:	45 % Straße – 39 % Weg – 14 % Nebenstraße – 1 % Bundesstraße		

Diese Tour beginnt mit einem Hunde-Highlight: Nur 350 m nach dem Start wartet bereits die erste **1** Badestelle für den Vierbeiner. Man geht um den kleinen Fußballplatz herum, durch die Siedlung hindurch und hält sich hinter dem letzten Haus rechts auf dem gepflasterten Weg. Der Zugang zum See ist etwas versteckt – dafür ist man am Wasser ganz für sich alleine. Dem gepflasterten Weg folgt man für einen weiteren km, hält sich dann links und kommt nach einem weiteren km an der „Burhaver Straße" an. Hier biegt man rechts ab und geht für knapp 400 m an der Straße entlang bis zur Kreuzung. Diese überquert man und läuft weiter geradeaus. Nach 300 m kommt auf der linken Seite ein kleiner **2** Kiosk. Hunde dürfen hier zwar nicht mit hineingenommen werden, aber dafür gibt es vor der Tür einen großen Napf mit frischem Wasser. Wird der „Heiligenwiehmstraße" weiter gefolgt, kommt man nach 850 m an den Weserdeich.

Hier hält man sich auf der Deichkrone links und geht nach 100 m rechts herunter zur Weser. Die aufgelassenen Industriebauten versprühen einen ganz eigenen Charme und setzen einen spannenden Kontrast zur grünen und fast schon etwas kleinbürgerlich ordentlichen Wohnbebauung direkt hinter dem Deich. Auf jeden Fall können sich Hunde hier im 3 Wasser abkühlen. Anschließend geht es den Weg parallel zur Weser entlang, unter stillgelegten Förderbändern hindurch und nach einigen hundert Metern wieder auf den Deich. Am Ende des Deiches geht es für 200 m rechts auf dem Fußweg an der B212 entlang bis zur „Fährstraße". Rechts geht es mit der Weserfähre nach Bremervoerde - ein schöner Ausflug, wenn das Wetter nicht zu einer Wanderung einlädt. Der Fährstraße folgt man kurz, um nach wenigen Metern nach rechts auf die „Titanstraße" abzubiegen. Nun wandert man in Richtung Nordwesten auf der „Blexer Reede". Für 3,7 km geht es geradeaus, bis man nach der wunderschön und ruhig gelegenen 4 Parkbank mit Panoramablick über die Wesermündung und Bremervoerde am gegenüberliegenden Ufer den Deichweg nach links verlässt. Manchmal kann man am gegenüberliegenden Weserufer große Frachtschiffe liegen sehen. Am Ende des 500 m langen Weges geht es nach

Große Pötte immer in Sichtweite

rechts auf die „Deichstraße". Diese verlässt man nach 1,4 km wieder und geht nach links in den „Neudeichsweg". Diesem Weg folgt man über die zwei querenden Wege hinweg, geht durch die scharfen rechts/links Kurven und biegt an der Grundschule Phiesewarden halb links ab. Hier wurde übrigens schon im 1. Jh. v. Chr. eine Wurt (also ein Hügel mit einem darauf stehenden Haus) nachgewiesen. Für 400 m folgt man nun der „Ringstraße" bis zum Ende. Dann hält man sich auf dem Fußweg links. Nach 500 m erreicht man den Eingang zum „Seenpark I". Hier überquert man die Straße und folgt dem Weg in das bewaldete Seengebiet.

Man muss nicht, wie hier vorgeschlagen, an der ersten **5** Abzweigung nach links gehen. Wer hier lieber geradeaus gehen möchte, umrundet den See und kommt zwangsläufig zur gleichen Abzweigung, an der es jetzt nach links geht. An Sommerabenden laden die Seeufer und die Wiesen zu einem kleinen Picknick ein, da man von hier die untergehende Sonne über dem See genießen kann. An der Hauptstraße geht es an der Fußgängerampel nach links und nach 300 m erreicht man wieder die Wiese am Fußballplatz.

	Info
🅗	kein ÖPNV
🅟	Haverkiel, Wiese am Fußballplatz
🗺	Kompass-Wanderkarten Ostfriesland - Oldenburg WK 410
🍴	Restaurant Seeteufel Wilhelm-Böning-Str. 15 26954 Nordenham Tel.: 04731-80325 www.seeteufel-nordenham.de
⛔	Hotel Aits garni Bahnhofstr. 120 26954 Nordenham Tel.: 04731-99820 www.hotel-aits.de
ℹ	Tourismus-Service Butjadingen Strandallee 61 26969 Butjadingen-Tossens Tel.: 04733-929340 www.butjadingen.de
✚	Tierarztpraxis Andrea Ceglowski-Weber Kreuzmoorstr. 36 26349 Jade Tel.: 04454-969646 www.tierarztpraxis-jade.de

TOUR 38

von Langwarden nach Fedderwardersiel – Besuch im Melkhus

Rund ums Eckwarder Sieltief

Hundefreundlichkeit: Die Tour bietet viel Freilauf für Hunde und viel Abwechslung für Hundenase. Wer im letzten Drittel der Tour mit dem Hund durch das Naturschutzgebiet wandern möchte, muss ihn allerdings an der sehr kurzen Leine führen. Im Melkhus am Ende der Tour gibt es für Hunde frisches Wasser.

Tour-Info	↔ 11,5 km	⏱ 2,5 Std.	↕ 2 / -2 m
Kategorie:	mittelschwer		
Start-Ziel:	Langwarden, Kirche		
GPS:	53°36'13.2"N 8°18'28.1"E		
Markierung:	keine Markierung		
Wegecharakteristik:	42 % Straße – 29 % Weg – 29 % Nebenstraße		

Von der Langwarder Kirche aus geht es zunächst für 350 m durch den für seine malerischen Häuser und gepflegten Gärten in der ganzen Region bekannten Ort in Richtung Westen. Nach 430 m kommt man auf der rechten Seite am **1** historischen Friesenfriedhof vorbei. Die Grabsteine von Walfängern, Seefahrern und vielleicht auch dem einen oder anderen Strandräuber erzählen Geschichten aus längst vergangenen Zeiten. An der kurzen Leine geführt werden auch Hunde auf dem Friedhof geduldet. Danach geht es gegenüber vom Friedhof in den „Wiesenweg", dem man bis an die nächste Abzweigung (hier steht eine Bank) folgt. Nach einem weiteren km kommt man an den „Mürrwarder Burmeidsweg". Über diesen Weg sind vor vielen hundert Jahren die jungen Bauernmädchen sonntags zur Kirche gegangen und haben sich hochzeitsfein gemacht. Hier geht es links herum, bis man nach 1,7 km einen kleinen Bachlauf überquert. Jetzt geht man rechts auf dem „Kamper Weg" bis zur nächsten Abzweigung. Hier hält man sich links und folgt der kleinen Straße für 1,2 km. Am Ende der Straße, hinter der **2** Friesengolf Anlage, geht es nach

TOUR 38

Hintergrund

Die Kirche aus der zweiten Hälfte des 12. Jahrhunderts beherbergt eine 365 Jahre alte Orgel. Sie zählt zu den bedeutendsten Instrumenten Norddeutschlands. Sie wurde im Jahr 1650 von Hermann Kröger und seinem Meistergesellen Berendt Hus erbaut und von Arp Schnitger 1704/05 um drei Register erweitert. Im Sommer finden hier regelmäßig Orgelkonzerte im Rahmen des Langwarder Orgelsommers statt. Das Pfeifenmaterial stammt weitgehend aus dem Jahr 1650. Die hoch gelegene Kirche in Langwarden hatte 1825 eine wichtige Funktion im Rahmen der Landesvermessung, die damals im Wege der Triangulation durch Carl Friedrich Gauß (1777–1855) erfolgte. Gauß hielt sich im Juli 1825 in Langwarden auf. Auf dem letzten 10-Deutsche-Mark-Schein (1991 bis 2001) ist ein Ausschnitt des Vermessungsnetzes abgebildet, in dem auch der Messpunkt Langwarden markiert ist.

rechts. Die 3 „Nienser Straße" ist eine etwas befahrenere Straße. Daher gibt es für die 500 m bis zur nächsten Abzweigung die Möglichkeit, den halben km mit dem Bus zu fahren. Die Linien 403 und 408 fahren einmal pro Stunde. Wer nicht auf den Bus warten möchte, geht die kurze Strecke zu Fuß und biegt dann nach links in den „Niensweg" ein. Dieser wird im Laufe der kommenden 2 km zur „Wurtstraße". 200 m, nachdem man das Eckwarder Sieltief überquert hat, gibt es mehrere Möglichkeiten: Entweder auf der kleinen Straße landseits des Deichs direkt zurück nach Langwarden (25 Minuten) oder nach rechts abbiegen und in 25 Minuten nach Fedderwardersiel wandern. Von dort fährt regelmäßig ein Bus nach Tossens, der auch in Langwarden hält. Oder – unsere Empfehlung – halb links auf den Deich hinauf und mit Weserpanorama gemütlich zurück in Richtung Ausgangspunkt wandern. 300 m, nachdem man den Deich erklommen hat, gibt es die Möglichkeit, nach rechts ins 4 Naturschutzgebiet abzubiegen und die Tour parallel zum Deich durch das NSG weiter zu wandern. Hier sollten Hunde auf jeden Fall an kurzer Leine geführt werden und mancher Hundehalter braucht starke Nerven, da der Weg direkt durch ein Brutgebiet führt. 1,3 km später stößt der durch das Naturschutzgebiet führende 5 Weg wieder auf den Deichweg. Jetzt kann man auf dem Deich weitergehen, bis man in Langwarden an der Straße „Am Friesenkirchhof" ankommt. Dort biegt man links ein, geht bis zum 1 Friesenfriedhof und hält sich dann links zur Kirche zurück. Man kann aber auch an der Abzweigung den Deich verlassen und landseits bis zum 6 Melkhus gehen. Hier kann man sich stärken und für den Hund gibt es frisches Wasser. Nach der Rast folgt man der Straße weiter, immer in Richtung der gut sichtbaren Kirchturmspitze, die man nach ca. 1,5 km wieder erreicht hat.

Tipp

In den Melkhüs oder Melkhuske bieten Landfrauen leckere Spezialitäten aus Milch an. Ob man nun ein Glas frische Milch trinkt, oder Quarkspeisen oder Milchmixgetränke oder selbstgebackenen Kuchen und eine Tasse Kaffee (mit Milch) trinkt, bleibt dem eigenen Hunger überlassen. Darüber hinaus werden Einblicke in die heutige nachhaltige Milchwirtschaft gewährt. Die Landfrauen haben meistens auch noch gastronomische und touristische Insidertipps. Die offiziellen Melkhüs sind in der Regel von April bis Ende September geöffnet. Man erkennt sie an ihrer grünen Holzverkleidung und den roten Ziegeldächern. (www.milchwirtschaft.de/verbraucher/milchtouristik)

Info

🚌	kein ÖPNV
🅿	Parkplatz vor der Kirche in der Ortsmitte
🗺	Kompass-Wanderkarten Ostfriesland - Oldenburg WK 410
🍴	Luzifer Butjadingen Tossener Deich 5 26969 Butjadingen-Tossens Tel.: 04736-103197 www.luzifer-sylt.de
🛏	Kurhotel Strandhof Nordseeallee 35 26969 Butjadingen-Tossens Tel.: 04736-9250 www.thomascook.de/hotels/34768-strandhof-tossens
ℹ	Tourismus-Service Butjadingen Strandallee 61 26969 Butjadingen-Tossens Tel.: 04733-929340 www.butjadingen.de
✚	Tierarztpraxis Dr. Hans Hortig Alma-Rogge-Str. 9 26969 Burhave Tel.: 04733-92960

TOUR 39

**von Tossens am Deich nach Fedderwardersiel –
viel Panorama – mit dem Bus zurück**

Und läuft und läuft und läuft...

Hundefreundlichkeit: **Lange Deichstrecken, Wattenmeer und mehrere Bademöglichkeiten machen die Tour für Hunde zum Erlebnis. Im Sommer bietet Langwarden schattige Plätzchen für eine Rast. Im Bus zurück nach Tossens fahren Hunde kostenfrei mit. Und wer vor der Rückfahrt im Restaurant Nordseeblick noch frischen Fisch essen möchte: Auch hier sind Hunde stets willkommen.**

Tour-Info	↔ 11,5 km	⏱ 2,5 Std.	↕ 3 / 0 m
Kategorie:	mittelschwer		
Start-Ziel:	Start: Tossens „Blanker Hans"; Ziel: Bushaltestelle Fedderwardersiel		
GPS:	53°34'41.9"N 8°14'50.3"E		
Markierung:	keine Markierung		
Wegecharakteristik:	79 % Nebenstraße – 12 % Wanderweg – 9 % Weg		

Am „Blanken Hans" in Tossens startet man nach rechts über den Deichkronenweg, quert die Zufahrt zum Campingplatz und folgt dahinter auf der anderen Straßenseite weiter dem Deichkronenweg. Wenn man nach 600 m das rote Backsteinhaus mit dem Restaurant erreicht, geht man links daran vorbei und die Treppenstufen in Richtung Campingplatz hinunter. Unten angekommen, hält sich scharf rechts und geht ganz vorn an der Wasserkante entlang und lässt den Trubel des Campingplatzes und des Friesenstrandes bald hinter sich. Man hat die Qual der Wahl: Ganz links im Wattenmeer zu gehen; in der Mitte auf dem gut gepflasterten Wirtschaftsweg; rechts auf dem Wiesenstreifen am Zaun, hinter dem die Schafe auf dem Deich weiden. Ganz oben auf dem Deichkronenweg darf man mit Hunden leider nicht wandern und die Rückseite des Deiches ist bei starkem Gegenwind zu bevorzugen, weil man dann den Windschatten des Deiches nutzen kann. Nach 1,3 km kommt linker Hand eine **1** kleine

betonierte Landzunge, die man bei Niedrigwasser betreten und bis nach vorn zur Spitze bewandern kann. Achtung: Wenn das Wasser gerade frisch zurückgegangen ist, können grüne Algenreste den Weg etwas rutschig machen. Anschließend geht man am Deich weiter und die Werbung eines Kultautos kommt einem in den Kopf: Man läuft und läuft und läuft... Nach 3 km wird aus dem Wirtschaftsweg ein moderner breiter Deichweg. Vorteil: Man muss nicht mehr so sehr auf jeden Schritt achten. Nachteil: Ab hier ist – speziell am Wochenende – etwas mehr Betrieb als bis hierher. Lustig ist, dass der Deich ab hier in Hundertmeterabständen mit gelben Meter-Markierungen gekennzeichnet ist, die auf dem Boden aufgesprüht sind: Alle 100 m überquert man einen mit einer Zahl versehenen dicken gelben Strich. 2,7 km weiter sollte man den **2** Deichübergang nutzen und das 400 m entfernte **O** Melkhus in Langwarden besuchen. Hier bekommt der Hund frisches Wasser und man selbst für kleines Geld frische Leckereien aus Milch: Eis, Quark, Torte. Einfach den Weg über den Deich nehmen und der Rechtskurve folgen. Dann sieht man schon das grüne Holzhäuschen mit dem roten Ziegeldach.

Wenn es weitergehen soll, zurück auf den Deich und dann rechts herum, bis

Der Wind kommt an der Küste immer von vorne

TOUR 39

Die Wolken am Himmel bieten ein tolles Naturschauspiel

Werbung

Urlaub mit Hund im Naturpark Thüringer Wald

Ferienhaus - Ferienwohnungen - Appartements
Fachgeschäft für Hund & Outdoor
Outdoor-Erlebnisse & Events - Zughundekurse

Haus Wallenburg
Schmalkalderstr. 42
99897 Tambach-Dietharz

Tel.: 0151 - 51 270 360
info@haus-wallenburg.de

www.Haus-Wallenburg.de

man nach 1,3 km einen Infopunkt erreicht. Hier kann man entweder weiter auf dem Deichwanderweg gehen oder nach links ins 3 Naturschutzgebiet abbiegen. Hunde müssen dann allerdings an kurzer Leine geführt werden. Der Weg führt für fast 1,9 km durch unberührte Natur, direkt an der Wasserkante entlang. Schafe gibt es hier auch keine. Mittlerweile ist man in Fedderwardersiel angekommen. Wenn man jetzt um das Hafenbecken herumgeht, dann kommt man direkt auf das namensgebende Fedderwarder Siel. Es lohnt sich, auf einer der vielen Bänke Platz zu nehmen und sich das bunte Treiben im Hafen anzuschauen und anzuhören. Hier oben an der Küste herrscht ja immer irgendetwas zwischen Lauem Lüftchen und Steifer Brise. Das ergibt im Zusammenspiel mit den flatternden Segeln und klackernden Masten der Boote ein schönes maritimes Durcheinander. 100 m weiter liegt dann die Bushaltestelle, von der man wieder zurück nach Tossens fährt. Und wer vorher noch in angenehm rustikaler Atmosphäre mit bestem Panoramablick auf Außenhafen, Weser und Bremerhaven schauen und dabei frischen Fisch und selbstgebackenen Kuchen essen möchte, der schwenkt hinter dem Siel nach links und kommt nach 50 m zum „Nordseeblick".

Tipp

Das Fischgeschäft der Butjadinger Fischereigenossenschaft hat während der Saison von Mitte März bis zum Totensonntag sieben Tage die Woche geöffnet. Neben dem frisch angelandeten Granat der Krabbenkutter sind Frischfisch, Räucherfisch und Marinaden erhältlich. Frischeren Fisch als hier gibt es an der ganzen Niedersächsischen Nordseeküste nicht.

Info

🚌	Bus 403 und 408 „Fedderwardersiel Ort" zurück nach „Tossens Strand"
🅿	Parkplatz am Friesenstrand, unterhalb vom „Blanken Hans"
🥾	Kompass-Wanderkarten Ostfriesland - Oldenburg WK 410
🍽	Restaurant Nordseeblick Am Hafen 14 26969 Butjadingen-Fedderwardersiel Tel.: 04733-1021 www.diebierbar.de
🏨	Kurhotel Strandhof Nordseeallee 35 26969 Butjadingen-Tossens Tel.: 04736-9250 www.thomascook.de/ hotels/34768-strandhof-tossens
ℹ	Tourismus-Service Butjadingen Strandallee 61 26969 Butjadingen-Tossens Tel.: 04733-929340 www.butjadingen.de
✚	Tierarztpraxis Dr. Hans Hortig Alma-Rogge-Str. 9 26969 Burhave Tel.: 04733-92960

von Tossens nach Ruhwarden – hundefreundliches Wattenmeer – schönes Küstenpanorama

Der Blanke Hans

Hundefreundlichkeit: Obwohl Hunde auf dem Deich bis zum Strandabgang an der Leine geführt werden müssen, lohnt sich der Weg am Wasser. Hier können die Vierbeiner bei Niedrigwasser durch den Sand toben, ohne auch nur einen Menschen zu stören. Die weitere Tour führt über kleine Wege durch Wiesen und Felder.

Tour-Info	↔ 10 km	⏱ 2,5 Std.	↕ 4 / -1 m
Kategorie:	leicht		
Start-Ziel:	Tossens, „Blanker Hans"		
GPS:	53°34'41.9"N 8°14'50.3"E		
Markierung:	keine Markierung		
Wegecharakteristik:	55 % Wanderweg – 30 % Weg – 15 % Straße		

Am Sturmflutdenkmal „Blanker Hans" in Tossens startet diese Tour direkt nach rechts durch das Schafgatter auf dem Deichkronenweg. Man folgt dem Weg um die Kurve, quert die Zufahrtsstraße zum Campingplatz und geht durch das nächste Gatter bis zum roten Backsteinbau. Dann folgt man den **1** Treppenstufen links am Restaurant vorbei in Richtung Wasser und Strand. Unten angekommen, kann man bei Ebbe wunderbar im feuchten Sand laufen. Gut für die eigenen Füße, gut für die Vierbeiner. Das Schöne an diesem Strandabschnitt ist, dass hier nur wenig Muschelbruch angeschwemmt wird, so dass Pfoten und nackte Füße keine Gefahr laufen, sich an spitzen Muschelkanten zu schneiden. Außerdem halten sich fast alle Touristen mit Kindern am Friesenstrand auf und „verirren" sich nicht an diesen Abschnitt. Wenn das Wasser bis an den Flutschutz aus grobem Stein reicht, nimmt man einfach den gepflasterten Weg. Die Hunde können dann rechts davon, vor dem Schafzaun, auf grasigem Untergrund laufen. Nach anderthalb km kann man bei niedrigem Wasserstand nach links auf eine künstliche **2** Landzunge abbiegen. Diese ragt 200 m ins Jade-Fahrwasser hinein. Wenn das Wasser gerade

TOUR 40

abgelaufen ist, sollte man vorsichtig sein, da der Boden noch mit Resten von ❗ Grünalgen bedeckt und dadurch etwas rutschig sein könnte. Nach einem weiteren km in Richtung Nordosten erreicht man eine Treppe, die über den Deich führt. Auf der Landseite des Hochwasserschutzes geht es nun geradeaus in die kleine, gepflasterte Deichstraße. Das Wort

„Straße" passt eigentlich gar nicht – so klein und dicht bewachsen ist die Deichstraße an manchen Stellen. An der nächsten Abzweigung hält man sich rechts und kommt in das sehr gepflegte und für seine schönen Gärten bekannte Dörfchen **3** Ruhwarden. Hier hält man sich immer rechts, ignoriert die nach links abzweigenden kleinen Gassen und erreicht so die Straße nach Tossens. An der großen blauen Skulptur vorbei folgt man nun dem Fußweg für 1,5 km. Anschließend biegt man rechts ab und folgt dem Weg, der sich zu einem schönen, festen und mit saftigem Gras bewachsenen Feldweg entwickelt. Wenn man nach 1,7 km wieder am Deich ankommt, geht es links herum in Richtung Tossens. In der nächsten Kurve nimmt man die Treppenstufen hinauf zum Restaurant und biegt oben angekommen nach links durch das bereits bekannte Schafgatter. Jetzt folgt man dem Deichkronenweg, quert erneute die Zufahrtsstraße zum Campingplatz und geht weiter auf dem Deich bis zum „Blanken Hans".

Hintergrund

Die Naturgewalten des Meeres spielen schon ewig eine große Rolle an der Küste des Jadebusens und im Leben der Küstenbewohner. Die Sturmfluten werden im Volksmund durch die Figur des Blanken Hans personifiziert. Die Stahlskulptur am Deichübergang in Tossens soll den Blanken Hans symbolisieren. Die knapp 4 m hohe Edelstahlfigur am Rand der Deichkrone tritt aus einer wellenförmigen Edelstahlfläche heraus. Dadurch wird der Bezug der Menschen an Land zu Wasser und Wind hergestellt. Der Begriff „Blanken Hans" hat unterschiedliche Ursprünge. So spricht man im Mittelniederdeutschen von „blank" im Sinne von „schimmernd und glänzend" und von „hasan", als „grau". Der „Blanke Hans" steht also für das glänzende, graue Meer. Dazu passt, dass der Name „Blanker Hans" nach Aufzeichnungen des Chronisten Anton Heimreich auf den Deichgrafen von Risum zurückgeht. Dieser soll nach der Fertigstellung eines neuen Deiches der Nordsee herausfordernd "Trutz nun, blanker Hans" entgegengerufen haben.

Info

🚌	Bus 403 / 408, Haltestelle „Tossens Strand"
🅿	Parkplatz am Friesenstrand, unterhalb vom „Blanken Hans"
🗺	Kompass-Wanderkarten Ostfriesland - Oldenburg WK 410
🍴	Luzifer Butjadingen Tossener Deich 5 26969 Butjadingen-Tossens Tel.: 04736-103197 www.luzifer-sylt.de
🛏	Kurhotel Strandhof Nordseeallee 35 26969 Butjadingen-Tossens Tel.: 04736-9250 www.thomascook.de/hotels/34768-strandhof-tossens
ℹ	Tourismus-Service Butjadingen Strandallee 61 26969 Butjadingen-Tossens Tel.: 04733-929340 www.butjadingen.de
➕	Tierarztpraxis Dr. Hans Hortig Alma-Rogge-Str. 9 26969 Burhave Tel.: 04733-92960

TOUR
41

**rund ums Eckwarder Oberfeuer –
vom Jadebusen bis zur Nordsee**

Hundestrand und Kuhgeklacker

Hundefreundlichkeit: **Bis man den Hundestrand am Ende der Tour erreicht, erleben die mitwandernden Vierbeiner eine ganze Menge: Wattenmeer, Wiesen, Felder, Deiche, einen kleinen See, wenige andere Hunde und ein sehr hundefreundliches Café. Unterwegs kommt man an einem Bauernhof mit Kühen vorbei – da sind robuste Gummistiefel angebracht, um nicht im Matsch stecken zu bleiben.**

Tour-Info	↔ 10 km	⏲ 2,5 Std.	↕ 4 / -1 m
Kategorie:	mittelschwer		
Start-Ziel:	Eckwarderhörne, Parkplatz am Leuchtfeuer		
GPS:	53°31'14.6"N 8°13'57.8"E		
Markierung:	keine Markierung		
Wegecharakteristik:	31 % Weg – 27 % Wanderwanderweg – 25 % Straße – 16 % Nebenstraße		

Am Eckwarder Oberfeuer geht es – das Leuchtfeuer im Rücken – den Deich auf dem Deichkronenweg entlang in Richtung Osten. Man kann auch rechts vom Deich im Schutz der Flutschutzmauer gehen, aber der Blick von ganz oben in die Landschaft ist einfach unschlagbar. Nach 900 m übernehmen die Schafe das Kommando und man muss den Deichkronenweg verlassen. Bitte nicht die Leiter nach rechts unten in Richtung der tiefen Promenade nehmen – lieber nach links die Treppe hinunter gehen, dann nach rechts abbiegen und nach 50 m links auf den **1** Feldweg wechseln. Dem Feldweg folgt man für 1,1 km und biegt an der ersten Möglichkeit links ab. Nach 800 m folgt man der Straße „Zum Leuchtfeuer" für wenige Meter nach rechts bis zur Kreuzung. Dann hält man sich weiter rechts und folgt dem Bürgersteig an der „Eckwarder Straße". Für 1,3 km geht es bis ins Dörfchen Eckwarden, vorbei an der St. Lamberti Kirche. Kurz hinter der Kirche lädt auf der

rechten Seite eine kleine 2 Bank mit schützendem Dach zur Rast ein. Genau gegenüber dieser Bank nimmt man anschließend für 2,5 km den „Gutzwarder Weg". Schön gepflastert – und ohne Durchgangsverkehr – kann man hier in Ruhe wandern und die Landschaft genießen. Wenn man den sehr schön gelegenen 3 Bauernhof erreicht, kann es allerdings sein, dass der öffentliche Weg, der am Hof vorbeiführt, mit einem

Gatter verschlossen ist. Kleine Hunde kann man darüber heben, mit großen Hunden muss man sich rechts am Gatter vorbeiquetschen. Hat man das Gatter überquert, folgt man dem Weg für etwa 200 m. Bei Regen am besten auf ganz spitzen Zehen (oder mit robusten Gummistiefeln) den Bauernhof passieren – Kuhfladen haben die Angewohnheit, sich bei Regen stark zu verflüssigen... Hinter der zweiten Kurve wartet dann etwas höheres Gras, in dem man sich die Schuhe wieder sauber wischen kann. Ab hier gibt es für den Rest der Tour auch keine streng riechenden Überraschungen mehr. Wenn man die **4** Straße erreicht hat, schlägt man einen kurzen Rechts-links-Haken und folgt dem kleinen,

Hintergrund

Am Strand von Eckwarderhörne steht das Oberfeuer Eckwarden. Nicht ohne Grund wird die Konstruktion von Einheimischen gerne „Wassereimer auf Wendeltreppe" genannt. Die vierbeinige Stahlkonstruktion mit seiner Wendeltreppe und dem trichterförmigen Laternengehäuse sieht aus wie etwas, das sich auch auf der Enterprise wohlfühlen würde. Der 37 m hohe Turm wurde 1961 erbaut. Das zugehörige Unterfeuer steht nordwestlich davon in einigen hundert Metern Entfernung im Watt.

Tipp

Vom 1. Juni bis zum 31. August fährt die MS Harle Kurier als Personen- und Fahrradfähre von Eckwarderhörne nach Wilhelmshaven. Die Fahrt kostet hin und zurück für einen Erwachsenen 9 Euro. Die Fähre fährt auch am 1. Mai, an Himmelfahrt und Pfingsten sowie am Tag der Deutschen Einheit. Hunde fahren kostenlos mit.

Die Kühe sind durch ein tiefes Siel vom Weg getrennt

TOUR 41

Da bekommen sogar Hunde Angst: Clownsdusche vorm Leuchtfeuer

mit dichtem Gras bewachsenen Feldweg auf der schräg gegenüberliegenden Straßenseite. An einem weiteren Bauernhof vorbei (keine Angst: keine Kuhfladen!), erreicht man nach 900 m den Deich. Hier biegt man links ab und nach 600 m geht es rechts über die Treppe ans Wasser. Nach 1 km erreicht man den 🔴 offiziellen Hundestrand, über den mitwandernde Vierbeiner sicherlich nur noch müde lächeln können. 200 m weiter gibt es die Möglichkeit, nach rechts zum westlichen 🔴 Aussichtspunkt zu gehen (noch einmal 200 m pro Richtung) oder nach links – vielleicht nach einem Stopp im Restaurant „Leuchtfeuer" – das hier geparkte Auto anzusteuern.

Info

🚏	Bus 403/408 „Eckwarden Fähranleger"
🅿	Parkplatz am Restaurant „Leuchtfeuer"
🗺	Kompass-Wanderkarten Ostfriesland - Oldenburg WK 410
🍴	Restaurant „Leuchtfeuer" Zum Leuchtfeuer 118 26969 Butjadingen - Eckwaderhörne Tel.: 04736-103960 www.leuchtfeuer-eckwarder-hoerne.de
🛏	Kurhotel Strandhof Nordseeallee 35 26969 Butjadingen-Tossens Tel.: 04736-9250 www.thomascook.de/hotels/34768-strandhof-tossens
ℹ	Tourismus-Service Butjadingen Strandallee 61 26969 Butjadingen-Tossens Tel.: 04733-929340 www.butjadingen.de
✚	Tierarztpraxis Dr. Hans Hortig Alma-Rogge-Str. 9 26969 Burhave Tel.: 04733-92960

TOUR 42

**von Diekmannshausen an den Deich –
die Jade entlang durch die Marsch**

Über den Jadebusen nach Wilhelmshaven blicken

Hundefreundlichkeit: Ganz gleich ob man nun land- oder seeseitig des Deiches geht, durch die Felder und Wiesen: Bei dieser Tour durch die Wesermarsch kommen vor allem Hunde mit viel Bewegungsdrang auf ihre Kosten. Die Tour ist eine schöne Alternative im Sommer, wenn die Strände überfüllt sind und auf den Deichen Schafe weiden.

Tour-Info	↔ 11,5 km	⏲ 2,5 Std.	↕ 0 / -3 m
Kategorie:	mittelschwer		
Start-Ziel:	Diekmannshausen, Parkplatz an der Bushaltestelle „Landhaus"		
GPS:	53°23'07.8"N 8°14'13.6"E		
Markierung:	keine Markierung		
Wegecharakteristik:	45 % Weg – 24 % Nebenstraße – 24 % Wanderweg – 7 % Straße		

Vom Startpunkt aus geht es für wenige Meter auf der Hauptstraße Richtung Osten entlang, bevor wir an der Kreuzung am Gasthaus links auf die „Bäderstraße" einbiegen. Jetzt folgt man erst einmal für 2 km dem Fußweg an der wenig befahrenen Straße bis kurz hinter den Camping-Platz. Dann geht es über den Wirtschaftsweg bis zum **1** Deich. Auf der Deichkrone kann man das Jadebusen-Panorama bis nach Wilhelmshaven genießen. Weiter als bis zur Deichkrone kommt man derzeit allerdings aufgrund der Deichbauarbeiten nicht. Man folgt also dem Wirtschaftsweg auf der Landseite des Deiches. Nach 3,2 km hält man sich **2** links und folgt dem Weg bis zur **3** Hauptstraße. Jetzt geht es in die Wildnis der Wesermarsch. Am besten zieht man auf dieser Tour grundsätzlich Gummistiefel an. Durch die Lage auf oder sogar unter dem Meeresspiegel, sind Wege und Wiesen selbst während längerer Trockenperioden im Sommer gerne feucht bis nass. Nach 200 m macht der Weg eine Linkskurve und nach 180 m eine Rechtskurve. Nach 300 weiteren

Wanderparadies für Hunde: Diekmannshausen in der Wesermarsch

m biegt man rechts auf den vor allem bei Regenwetter sehr schlammigen Feldweg ab. Diesem bäuerlichen Feldweg folgt man für 1 km, bis man an den Tennisplatz kommt. Dann biegt man scharf links ab und geht auf dem Weg für einen knappen km weiter, bis hinter der Kurve die ■4■ Jade durchs Gebüsch blinkt und glitzert. Der große, alte Baum mit seinem schützenden Blätterdach bietet im Sommer ein herrlich schattiges Plätzchen für eine Rast. Außerdem gibt es hier eine von mehreren Bademöglichkeiten für die Vierbeiner. Diese sind zwar nicht offiziell ausgewiesen, aber man sieht sehr deutlich, wo die Trampelpfade ans Wasser herunterführen. Nach 750 m führt der Feldweg auf einen Wirtschaftsweg. Hier kommt einem wochentags zwischen 13 und 14 Uhr nur das Postauto (sehr langsam und umsichtig fahrend) entgegen. Sollte der mitwandernde Hund noch nicht genug Wasser genossen haben, gibt es nach weiteren 1,5 km die Möglichkeit, die links vom Weg liegenden ■5■ Fischteiche auf ihre Wasserqualität zu testen. Allerdings sollte man sich von den Anglern dabei besser nicht erwischen lassen. Die lieben es ja lieber ruhig und beschaulich, ohne, dass ihre Fische von ins Wasser springenden Hunden erschreckt und verscheucht werden. Jetzt geht es den Weg noch 600 m weiter – über den Betriebshof eines Baumarktes – entlang. An der Ampel sieht man dann schon rechter Hand die Bushaltestelle, unseren Ausgangspunkt.

Hintergrund

Der Jadebusen gehört fast vollständig zum Nationalpark Niedersächsisches Wattenmeer. Eine Besonderheit des Jadebusens besteht darin, dass es hier keine Dünen gibt. Das Gebiet des Jadebusens war bis zum Einbruch des Meeres im Mittelalter eine Moorlandschaft, die vom Meer überspült wurde. Der letzte Rest dieses Moores ist das „Schwimmende Moor" in Sehestedt an der Ostseite des Jadebusens. Es ist Europas einziges Salzwasserhochmoor.

Info

🚌	Bus 430/495, Haltestelle „Diekmannshausen Landhaus"
🅿	Öffentlicher Parkplatz an der Bushaltestelle gegenüber des Baumarktes
🗺	Kompass-Wanderkarten Ostfriesland – Oldenburg WK 410
🍴	Restaurant Landhaus Diekmannshausen Bäderstraße 1 26349 Jade/Diekmannshausen Tel.: 04455-376 www.landhaus-diek.de (dienstags Ruhetag)
🛏	Hotel Friesenhof Neumarktplatz 4-6 26316 Varel Tel.: 04451-9250 www.hotel-friesenhof.de
ℹ	Jade Touristik Bäderstraße 2 26349 Jade-Diekmannshausen Tel.: 04455-1458 www.ruhigundgemuetlich.de
✚	Dr. med. vet. Michael Naß Praktischer Tierarzt Molkereistraße 6 26936 Stadland - Schweierzoll Tel.: 04455-234 www.tierarztpraxis-stadland.de

von Schillig nach Minsen – ausgedehnter
Strandspaziergang – Schnüffeln am Deichvorland

Hundedusche mit Panoramablick

Hundefreundlichkeit: Der Hundestrand in Schillig ist einer der weitläufigsten Hundestrände an der Niedersächsischen Nordseeküste. Selbst bei Ebbe bietet er den Vorteil, dass Hund und Halter nicht im Schlick herumwaten müssen, sondern festes Watt unter Füßen und Pfoten haben. Am fließenden Übergang zum „Nicht-Hundestrand" finden keine Kontrollen statt und man kann mit dem Hund an der Wasserkante bequem Kiosk und Imbiss in Richtung Campingplatz erreichen. Auf der Deichkrone ist die Mitnahme von Hunden zwar ganzjährig verboten, aber die land- und seeseitigen Deichwirtschaftswege bieten viel Raum, um Hunde auch dort frei laufen lassen zu können.

Tour-Info	↔ 15 km	⏲ 4,5 Std.	↕ 8 / 1 m
Kategorie:	mittelschwer		
Start-Ziel:	Schillig, Deichaufgang Mellumweg		
GPS:	53°42'14.4"N 8°01'27.5"E		
Markierung:	keine Markierung		
Wegecharakteristik:	54 % Wanderweg – 41 % Straße – 3 % Weg – 2 % Nebenstraße		

Direkt am Deichaufgang startet die Tour. Man hält sich links, ignoriert das Häuschen mit dem Strandwärter und folgt dem Deich auf der Krone für 750 m. Dann, am Ende des Schafzaunes, geht man nach rechts den Deich hinunter, überquert den Wirtschaftsweg und stapft weiter geradeaus durch Sand und Dünen bis zum **1** Hundestrand. Besonders morgens, wenn die Sonne aufgeht, bietet sich hier ein wirklich atemberaubendes Panorama. Das Meer glitzert, die Möven fliegen tief übers Wasser und der Sand wärmt sich langsam auf. Am Flutsaum geht es nun ganz gemächlich mit viel Bellen und Plantschen nach links, die Inseln Minsener Oog und Wangerooge rechts im Blick. Am westlichen Ende des Hundestrandes

TOUR 43

versperrt ein Zaun das Weiterkommen – hier beginnt das Naturschutzgebiet. Menschen ohne Hund überqueren den Zaun über die Stufen, Menschen mit Hund biegen vor dem Zaun links ab und gehen seeseitig des Deichkronenwegs weiter. Es geht immer weiter Richtung Westen geradeaus, den Wind stramm von vorne genießend, bis nach 3 km die Möglichkeit besteht, über den **2** Deich nach links wieder zurück

Buntes Treiben am Strand von Schillig

Richtung Osten zu gehen. Für die nächste und übernächste Querung müssten weitere 1,2 bzw. 2,5 km zurückgelegt werden. Auf der Landseite des Deiches geht es nun mit einem freilaufenden Hund zurück, bis man die Jugendherberge erreicht. Hier quert man den Deich erneut. An der Wasserkante angekommen, geht man den Hundestrand nach rechts Richtung Osten entlang. Nach 1 km hat man ein wunderbares **3** Panorama über den Jadebusen, die Nordsee und den Hafen in Bremerhaven. Von hier sind es noch 400 m bis zur Uferpromenade, an der man sich links hält. 100 m weiter kommt man an einer **4** Freiluftdusche vorbei. Mit dem auf Kniehöhe angebrachten Wasserhahn kann man wunderbar sandige und schlammige Hundepfötchen abwaschen. Nach 1 km kommen Hund und Halter an eine knapp 30 m breite, sehr kurz gemähte Wiese, die zwischen der Promenade und dem Campingplatz liegt. Hier kann der Hund durchs Gras tollen und sich nach einem Bad im Meer oder einer entsandenden Dusche trockenrollen. Am **5** Ende der Wiese geht es nach rechts den Priel entlang. Hier hat der Hund viel zu schnüffeln, weil die Priel-Ufer dicht bewachsen sind und neben Enten und Möwen auch Hasen

Bei Ebbe wird nicht gebadet, sondern im Watt gewandert

durchs Gebüsch laufen. Beim Erreichen des Fußweges geht man nach links und folgt dem Weg für 500 m. Dann hält man sich rechts, folgt dem Linksbogen des Weges auf den Deich hinauf, nimmt die erste Treppe hinunter und geht durch die Siedlung. An der Straße „Am Kolk" hält man sich rechts und folgt dem lauschigen Weg im Uhrzeigersinn um den „Kolk", den Süßwasserteich. Dieser Teich ist übrigens das Überbleibsel der großen Weihnachtsflut von 1717. Auf einer Breite von 82 m und 7 m Tiefe riss die Flut diesen Kolk in den Deich. Heute ist der Teich in die Kuranlagen eingebunden. Die Bänke am Ufer bieten windstille Momente, besonders im Sonnenschein sehr zu genießen. Am Ende des Weges überquert man die kleine Straße, klettert die 6 Stufen auf den Deich und folgt dem Deichkronenweg nach links, bis man nach etwas mehr als 2 km wieder den Ausgangspunkt der Tour erreicht.

Info

H	Bus 121/124/127 „Schillig Ort"
P	Parkplatz Mellumweg 2
🗺	Kompass-Wanderkarten Ostfriesland - Oldenburg WK 410
🍴	Restaurant Blinkfüür Mellumweg 6 26434 Schillig Tel.: 04426-880 www.hotelamstrand-schillig.de/restaurant-blinkfueuer
⛔	Hotel Upstalsboom Am Strand Mellumweg 6 26434 Schillig Tel.: 04426-880 www.thomascook.de/hotels/34550-upstalsboom-am-strand
i	Wangerland Touristik Zum Hafen 3 26434 Wangerland Tel.: 04426-9870 www.wangerland.de
✚	Tierarztpraxis Hohenkirchen Dr. Heiko Iben & Dr. Eike Onnen-Lübben Bismarckstr. 6 26434 Wangerland Tel.: 04463-208 www.tierarztpraxis-hohenkirchen.de

Manchmal sind Hunde und Schafe gute Freunde

enge Wege – dichtes Grün – ruhige Natur genießen und fleißige Bienen beobachten

Im Wittmunder Wald

Hundefreundlichkeit: Bei dieser Tour, die komplett durch den Wittmunder Wald führt, kommen kleine und große, junge und alte Hunde gleichermaßen auf ihre Kosten. Menschenleere, verschlungene Pfade laden zum ausgiebigen Schnüffeln und umherstromern ein. Eine Badestelle mit solider Picknickgelegenheit ist ideal, um zur Hälfte der Tour eine Pause einzulegen. Hier kann der Hund auch frisches Wasser trinken.

Tour-Info	↔ 8 km	⏱ 2 Std.	↕ 16 / 6 m
Kategorie:	leicht		
Start-Ziel:	Wittmund, Waldparkplatz Kreyenburg		
GPS:	53°34'08.5"N 7°44'12.9"E		
Markierung:	keine Markierung		
Wegecharakteristik:	87 % Wanderweg – 13 % Weg		

Am Waldparkplatz geht es direkt in Richtung Westen hinein in den Wittmunder Wald. Die ersten knapp 500 m lassen sich sehr bequem bewandern; der Weg ist zwar schmal, aber noch nicht beengt. Am Ende des Teilstücks geht es nach rechts auf einen geräumigen Waldwirtschaftsweg. Diesem folgt man für 160 Meter und biegt dann an der nächsten Möglichkeit links ab. Der breite und solide Waldweg führt für 1 km an mehreren Abzweigungen und dem Naturschutzhof „Wittmunder Wald" vorbei. Es gibt nun die Möglichkeit, abzukürzen und einfach geradeaus weiter zu gehen. Das ist bequem aber auch irgendwie langweilig. Also nimmt man nach dem Naturschutzhof die erste Abzweigung nach rechts. Nach 400 m heißt es tief Luft holen, Augen zu und durch! Der Weg führt nach links ins tiefe Dickicht hinein. Um sich der vielen Mücken zu erwehren, ist es sicherlich sinnvoll, eine Kapuze aufzusetzen, den Kragen hochzuklappen und zu schließen und auf jeden Fall die Ärmel abzurollen. Hier streift man im wahrsten Sinne des Wortes wie ein Strauchdieb durchs Gebüsch. Der Weg ist anhand der ausgetretenen Spur zwar jederzeit einigermaßen gut zu

TOUR 44

verfolgen. Man muss sich dennoch sehr konzentrieren, um auf dem unebenen Boden nicht umzuknicken. Teilweise geht man durch 50-60 cm hohe Farne und Schilfe. Sehr kleine Hunde sollte man vielleicht besser auf dem Arm tragen. Nach 400 m ist die erste scheinbar undurchdringliche Etappe geschafft und man erreicht die **1** „Upsteder Straße". Diese überquert man und taucht nun auf einem „normal-breiten" Waldweg weiter in den Wald ein. Nach 200 m biegt man in die erste Möglichkeit nach links ab und folgt dem merklich schmaleren Weg für 430 m bis an sein Ende. Dort angekommen, könnte man links wieder auf gerader Strecke zurück zum Auto gehen. Oder man hält sich rechts und folgt dem breiten Weg für gut 800 m. An der nächsten größeren Abzweigung geht es nach rechts. Dieser Weg ist besonders nach Regenfällen sehr matschig und durch das hohe Gras auch in Trockenphasen sehr lange sehr feucht. Wenn man das Ende des Teilstücks erreicht hat, geht es nach links und 80 m weiter, am Waldrand, nach rechts. 400 m weiter passiert man einen **2** Bienenstock. Wenn man Glück hat, erklärt einem der Imker die Geschichte seiner Völker. Er hat auf jeden Fall ein Herz für Hunde. Dem Weg folgt man weiter Richtung Norden, schwenkt an der Kurve Richtung Osten und erreicht nach etwa 300 m links eine **3** Picknickgelegenheit mit angeschlossenem

Alle Wege führen durch den Matsch

TOUR 44

Im Wittmunder Wald gibt's überall was zu schnüffeln

Badesee für Hunde. Es lohnt sich, hier ein bisschen zu pausieren und den Alltag hinter sich zu lassen. 2 km weiter – zwischendurch wird wieder die Hauptstraße überquert – biegt man rechts in einen kleinen verwunschenen Weg ab. Am Ende hält man sich links und kommt nach knapp 400 m wieder am Waldparkplatz an.

Hintergrund

1866 wurde auf einer ursprünglichen Heidefläche mit der Aufforstung des Waldes begonnen. Am 11. Januar 1867 erhielt das neue Waldgebiet per Bescheid durch das Königliche Amt in Wittmund den Namen „Wittmunder Wald". Noch vor dem 2. Weltkrieg wurde im Wittmunder Wald das Marinetorpedolager Wittmund-Hohehahn für die Marinegarnison in Wilhelmshaven errichtet. Nach dem Krieg wurden die Gebäude für Dienststellen des Katastrophenschutzes sowie für Einrichtungen des Deutschen Roten Kreuzes genutzt. 1994 entstand hier der Kreisnaturschutzhof Willen-Hohehahn als regionales Umwelt- und Naturzentrum des Landkreises Wittmund.

Info

🚌	Bus 474/480 bis Wittmund „Willen Abzw."
🅿	Waldparkplatz, Kreyenburg 9, 26409 Wittmund
🗺	Kompass-Wanderkarten Ostfriesland - Oldenburg WK 410
🍽	Restaurant „Die Mühle" Auricher Straße 11 26409 Wittmund Tel.: 04462-4041
🛏	Ringhotel Residenz Am Markt 13 26409 Wittmund Tel.: 04462-8860 www.residenz-wittmund.de
ℹ	Tourist-Information Wittmund Am Markt 15 26409 Wittmund Tel.: 04462-983150 www.wittmund.de
✚	Tierarztpraxis Wilhelm B. Janssen Mühlenstraße 48 26409 Wittmund Tel.: 04462-5407 www.ta-janssen.de

TOUR
45

vielfältiger Agility-Parcours – großdimensionierte Freilauffläche – viele bunte Strandkörbe

Neßmersiel: Agility am Strand

Hundefreundlichkeit: Neßmersiel hat einen sehr hundefreundlichen Hundestrand. Der 5.000 m² große Strand ist in einen Sand- und einen Grünstreifen aufgeteilt. Hier stehen nicht nur zwei trostlose Strandkörbe, sondern gleich 60 Stück. Das ist besonders bei durchwachsenem Nordseewetter ganz wichtig. Die robusten Stufen, die ins Wasser führen, eine Freiluftdusche für Hund und Halter sowie ein vorbildlicher Agility-Platz mit separater Freilauffläche runden dieses perfekte Angebot für einen tollen Hundetag am Strand ab. Der Eintritt für Hunde kostet 1 Euro.

Tour-Info	↔ 4 km	⏲ 1,5 Std.	↕ 8 / 0m
Kategorie:	leicht		
Start-Ziel:	Neßmersiel, Dorfstraße		
GPS:	53°40'29.5"N 7°21'18.8"E		
Markierung:	keine Markierung		
Wegecharakteristik:	80 % Weg – 16 % Straße – 4 % Nebenstraße		

Die Tour startet mit einem lockeren Spaziergang zum Deich, der sich gegenüber des Parkplatzes befindet. Nach 300 m macht der Weg einen Linksknick und man folgt nun der Straße zum Fährhafen. Nach 1,3 km – hinter dem kostenpflichtigen Parkplatz und gegenüber des Neßmersieler Yachthafens – geht es nach links zum **1** Strandeingang. Für Erwachsene ohne Kur- bzw. Gastkarte kostet der Eintritt zum Strand 2,50 Euro. Hunde bezahlen einen Euro und bekommen vom freundlichen Strandwärter ein Leckerlie. Am Kassenhäuschen gibt es auch einen Kotbeutelspender und vor allem immer ausreichend frisches Wasser für die Vierbeiner. Nun geht es weiter den erst sandigen und dann grün bewachsenen Weg entlang. Nach einem halben km erreicht man die **2** Edelstahltreppe, die ins Wasser oder ins Watt führt, je nachdem, welche Tide

anliegt. Hier kann sich der Hund nach allen Regeln der Kunst austoben. Bei schlechtem Wetter bieten die fast 60 Strandkörbe guten Schutz und man kann seinem Hund zuschauen, wie er im Watt seine Runden dreht. Wem das Zuschauen zu langweilig wird, der sammelt seinen Hund am Strand wieder ein und geht die 300 m über die Wiese zurück. Hier wartet ein sehr großer und ausgesprochen gut ausgestatteter 🅾 Hundeplatz mit Agility-Parcours. Röhren, Wippen, Hindernisse in unterschiedlichen Höhen: Hier gibt es alles, was das Hundeherz begehrt. Und als Schmankerl befinden sich alle Gerätschaften in einem sehr gepflegten und guten Zustand. Eine Parzelle weiter wartet eine riesige Freilauffläche auf den Hund. Alle bewegungsintensiven Vierbeiner, die sich am Strand und auf dem Parcours noch nicht genügend ausgetobt haben, können hier noch einmal richtig aufdrehen. Spätestens wenn die nächste dicke, schwarze Wolke am tiefen Himmel heranrollt, sollte man sich auf den Weg zurück in Richtung Auto machen. Zwar sind es von hier nur 1,5 km zum Deich, aber bei kräftigem Wind ist die Regenfront schneller über einem als man sich das vorstellen kann.

Hintergrund

Der ursprüngliche, um 1570 errichtete Hafen, von dem aus Getreide und Raps nach Bremen, Hamburg, Holland und Norwegen verschifft wurde, verschlammte durch die Eindeichung zur Landgewinnung. Er musste gegen 1700 aufgegeben werden und wurde näher zur See verlegt. Ab 1930 war auch dieser nicht länger zu befahren. Erst 1969/70 errichtete man einen neuen Fährhafen, von dem aus die Insel Baltrum angefahren wird.

Info

🅷	Bus K1/K1 bis „Neßmersiel Hafen"
🅿	Öffentlicher, kostenloser Parkplatz hinter der Reederei Baltrum-Linie
🗺	Kompass-Wanderkarten Ostfriesland - Oldenburg WK 410
🍴	Restaurant Fährhaus Dorfstraße 42 26553 Neßmersiel Tel.: 04933-303 www.faehrhaus-nessmersiel.de
🛏	Hotel Fährhaus Dorfstraße 42 26553 Neßmersiel Tel.: 04933-303 www.faehrhaus-nessmersiel.de
ℹ	Tourist-Information Neßmersiel Störtebekerstraße 18 26553 Dornumerland-Neßmersiel Tel.: 04933-879980 www.dornumerland.de
✚	Kleintierpraxis Dr. Edda Rector Enno-Hektor-Straße 12 26553 Dornum Tel.: 04933-8788860 www.rector-kleintiere.de

sandige Wege – schattige Wälder – tierisches Badevergnügen zwischen Tannenhausen und Moorhusen

Im Wald und auf der Heide

Hundefreundlichkeit: Diese Tour ist sehr vielseitig und abwechslungsreich. Der Weg führt durch Heidelandschaften und Wälder, über sandige Wege und grüne Wiesen. Sehr schön ist der saubere See, an dem man nach der Hälfte der Tour vorbeikommt. Hier kann der Hund nicht nur Schwimmen, sondern sich auch mit ausreichend Trinkwasser versorgen.

Tour-Info	↔ 7 km	⏱ 1,5 Std.	↕ 9 / 6 m
Kategorie:	leicht		
Start-Ziel:	Aurich-Tannenhausen, Kreuzung Ol Streek/ Stickerspittweg		
GPS:	53°31'24.4"N 7°27'21.8"E		
Markierung:	keine Markierung		
Wegecharakteristik:	80 % Wanderweg – 20 % Nebenstraße		

Am Parkplatz verlässt man die gepflasterte Straße und geht den stabilen Feldweg in Richtung Westen entlang, bis man nach 330 m auf den **1** Sandweg kommt. Hier biegt man links ab und folgt dem wirklich sehr sandigen Weg an kleinen Birkenwäldchen vorbei bis zur nächsten Abzweigung. Es geht halb links in den Weg am Waldrand und folgt diesem, bis man die kleine Straße erreicht. Dort biegt man rechts ab. Nach 700 m erreicht man die **2** Goldsteinbrücke. Neben einer kleinen Sitzecke für Herrchen und Frauchen können Hunde durch das etwas dichter bewachsene Ufergestrüpp die paar Meter hinunter zum Abelitzschloot stöbern. Wenn sie genug getrunken und sich bei warmem Wetter abgekühlt haben, geht es weiter. Über die Brücke hinweg nimmt man nach 600 m die erste Möglichkeit rechts abzubiegen wahr. Diesem Weg folgt man in den Wald hinein für 1 km. Dann sieht man schon durch das dichte Grün das Wasser eines kleinen **3** Sees blitzen und blinken. Hier besteht für die Hunde – im Gegensatz zum Abelitzschloot – die Möglichkeit, richtig

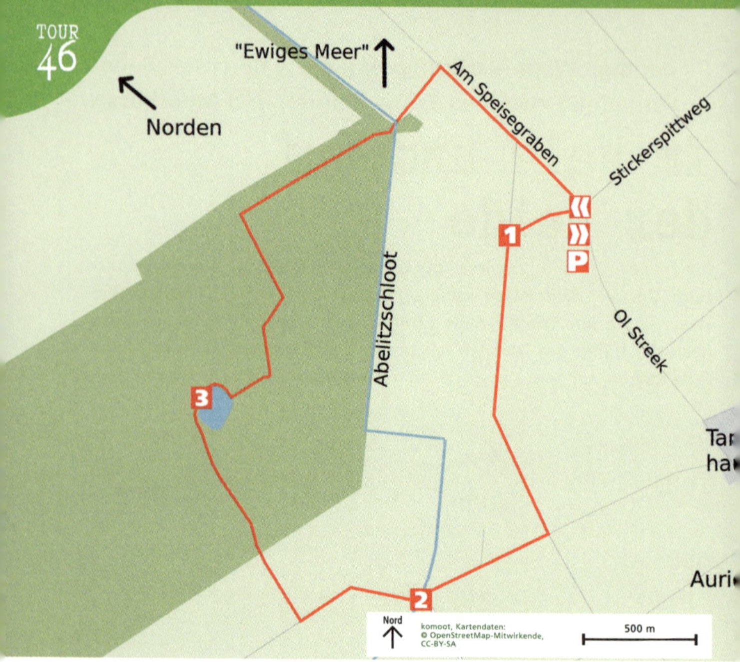

TOUR 46

"Ewiges Meer" ↑
Am Speisegraben
Stickerspittweg
← Norden
Abelitzschloot
Ol Streek
1
P
3
2
Auri...
Tar...
ha...

Nord ↑ komoot, Kartendaten: © OpenStreetMap-Mitwirkende, CC-BY-SA   500 m

Bei jedem Wetter schön, bei schönem Wetter ein Paradies

ausgiebig zu baden. Am Ufer herumliegende Stöcke und Äste bieten sich förmlich dazu an, im hohen Bogen in den See geworfen und von eifrigen, vierbeinigen Wasserratten wieder an Land gebracht zu werden. Man folgt dem Weg weiter um den See herum und nimmt am gegenüberliegenden Ufer die erste Möglichkeit, scharf nach links abzubiegen. Diesem Weg folgt man durch den Wald, bis man nach 170 m an eine weitere Abzweigung kommt. Dort biegt man links ab. Nach 350 m besteht die Möglichkeit, geradeaus auf dem mit Gras bewachsenen Weg weiterzugehen. Als wir wanderten, war dieser Weg allerdings aufgrund von Waldarbeiten gesperrt. Also links abbiegen und nach 400 m wieder rechtsherum. Nach weiteren 400 m passiert man den Weg, den man ursprünglich genommen hätte, wenn einem keine Baumfällarbeiten in die Quere gekommen wären. Ab hier geht es weiter geradeaus; nach 550 Metern passiert man erneut den Abelitzschloot. An der nächsten Möglichkeit biegt man rechts auf den gepflasterten Weg „Am Speisegraben" ab. Nach ca. 1 km hat man dann wieder den Ausgnagspunkt der Tour erreicht.

Tipp

Am Ortsrand von Tannenhausen liegt das „Ewige Meer". Vom Start/Zielpunkt dieser Tour erreicht man das „Ewige Meer" zu Fuß in ca. 20 Minuten.

Hintergrund

Das „Ewige Meer" ist der größte Hochmoorsee Deutschlands. Der 2 bis 3 m tiefe See ist etwa 1.800 m lang und 900 m breit. Seine Oberfläche befindet sich etwa auf 8,5 m über NN. Umgrenzt wird der See von einem ausgedehnten Komplex ungenutzter Flächen, die noch das ursprüngliche Hochmoorprofil zeigen und zusammen mit dem Gewässer das 1.180 ha umfassende Naturschutzgebiet „Ewiges Meer und Umgebung" bilden.

Info

🚍	kein ÖPNV
🅿	Parkbucht Ol Strek/Stickerspittweg/Am Speisegraben
🗺	Kompass-Wanderkarten Ostfriesland - Oldenburg WK 410
🍽	Romantik Hotel Reichshof Neuer Weg 53 26506 Norden Tel.: 04931-175232 www.reichshof-norden.de
🛏	Romantik Hotel Reichshof Neuer Weg 53 26506 Norden Tel.: 04931-175232 www.reichshof-norden.de
ℹ	Tourist-Information Norden Norddeich Dörper Weg 22 26506 Norden-Norddeich Tel.: 04931-986200 www.norddeich.de
✚	Tierarztpraxis Michael Hähner Schulstraße 26a 26506 Norden Tel.: 04931-16754 www.praxis-fuer-kleintiere-norden.de

TOUR 47

mitten durch Felder und Wälder – abenteuerliche
Wege im letzten Drittel – tolle Alternative zum Strand

Querfeldein über Stock und Stein

Hundefreundlichkeit: Auf dieser Tour gibt es sehr viele Abschnitte, an denen Hunde ihrem Spürnasen-Entdeckerdrang rechts und links vom Weg freien Lauf lassen können. Vor allem die etwas unwegsame Strecke im letzten Drittel der Tour ist wie gemacht für vierbeinige Abenteurer.

Tour-Info	↔ 8 km	⏱ 1,5 Std.	↕ 9 / 0 m
Kategorie:	leicht		
Start-Ziel:	Lütetsburg bei Norden, Schlossparkplatz		
GPS:	53°36'04.9"N 7°15'40.2"E		
Markierung:	keine Markierung		
Wegecharakteristik:	42 % Wanderweg – 40 % Nebenstraße – 18 % Weg		

Auf dem Schlossparkplatz geht es zunächst zum Haupttor und dann, wenn man am Bürgersteig angekommen ist, für 70 m nach links und gleich darauf wieder nach links. Die kleine Allee läuft man bis zum Ende, hält sich dann rechts und biegt am asphaltierten Wirtschaftsweg wieder links ab. Hier geht man zunächst geradeaus, bis man das Stoppschild und die Schranke erreicht. Nachdem man die 🟧 Hauptstraße und gleich danach die Bahnschienen überquert hat, biegt man nach links in den Wald ab. Der kleinen Straße folgt man nun für 800 m, bis man die 1️⃣ Brücke über das Norder Tief erreicht. Hier können Hunde Wasser trinken, bevor es weiter geht. An der nächsten Abzweigung nach gut 400 m hält man sich rechts. Dem Weg folgt man für 700 m bis zur 2️⃣ Kreuzung am Hundeplatz. Jetzt nimmt man den gepflasterten Weg nach links und folgt diesem bis zur ersten Abzweigung nach rechts. Hier biegt man ab, ignoriert die erste Einfahrt (Privatweg!) und schlägt 150 m hinter dem Privatweg den Feldweg nach rechts ein. Wer die Tour etwas ausbauen möchte, geht an dieser Stelle nicht in den Feldweg, sondern erst 300 m später in den nächsten Feldweg. Beide

Was macht die Schranke mitten auf der Straße?

sind knapp 1 km lang und münden am Ende auf die „Zeppelinstraße", eine ruhige Wohnstraße mit sehr wenig Verkehr und einigen 🟥 spielenden Kindern. Am Ende beider Alternativen biegt man nach rechts und geht die „Zeppelinstraße" bis zur „Stettiner Straße". Dann links und über das mittlerweile auf stattliche Breite angewachsene 🟥 Norder Tief. Hinter der Brücke führt ein wunderschöner 500 m langer und dicht bewachsener Uferweg nach rechts. Am Ende dieses Weges kann man nach links abbiegen, der Straße für ca. 1,7 km folgen, 🟥 Bahn und Hauptstraße überqueren und anschließend nach rechts zum Schlossparkplatz abbiegen. Wer die anstrengendere, für Hunde aber ungleich spannendere Variante wählen möchte, der überquert am Ende des Uferweges die kleine Straße, geht geradeaus über

Kommt ein Hund vorbei, fliegen sie weg: Enten am Norder Tief

den Metallsteg und folgt dem 4 Graspfad am Ufer des Norder Tiefs. Hier heißt es gut aufpassen, denn der Weg ist von Hasenbauten, Fuchslöchern und Traktoren-Fahrspuren in Mitleidenschaft gezogen. Manche Fußfallen fallen erst auf, wenn man bedrohlich ins Straucheln gerät. Nach 400 m und zwei weiteren kleinen Metallstegen muss man am Knick links abbiegen und dem Ackerrain erneut für 400 m folgen. Für die Spürnasen ist besonders dieser Part der Tour ein Fest. Zweibeiner sollten gut achtgeben: Der Weg ist sehr holperig! Der 5 Zugang zum Wald ist die einzige Möglichkeit, um (trocken) über den Bach zu gelangen. Anschließend geht es weiter geradeaus Richtung Westen bis Hund und Herrchen an der zweiten Möglichkeit nach links abbiegen. Dann geht es weiter bis zum Ende des Weges. Nach der Rechtskurve erreicht man nach 200 m wieder den ! Bahnübergang. Auf altbekanntem Weg geht es nun zurück zum Ausgangspunkt der Tour.

Tipp

Gegenüber des Schlosses, im Rentamt bei der alten Sägerei hinter dem Parkplatz, findet jedes Jahr ab Mitte Dezember ein großer Weihnachtsbaum- und Wildfleischverkauf statt. Tannen und Wild stammen aus dem schlosseigenen Forst.

Hintergrund

Der Schlosspark Lütetsburg war Anfang des 18. Jahrhunderts im Stil des niederländischen Barock gestaltet worden. Edzard Mauritz Freiherr von Inn- und Knyphausen ließ ihn in den Jahren 1790-1813 von dem Oldenburger Hofgärtner Carl Ferdinand Bosse neu anlegen. Nach seinen Plänen entstand auf dem etwa 30 ha großen Areal der größte private Englische Landschaftsgarten Norddeutschlands. Der Anlage, die in der zweiten Hälfte des 18. Jahrhunderts entstand, ist als beginnende Hinwendung zur Romantik im Sinne Jean-Jacques Rousseaus anzusehen. Der Park, in den auch Hunde mitgenommen werden dürfen, zählt zu den wenigen auf dem Kontinent erhaltenen Beispielen frühromantischer Gartenarchitektur.

	Info
🚍	kein ÖPNV
P	Parkplatz gegenüber vom Lütetsburger Schloss
🗺	Kompass-Wanderkarten Ostfriesland - Oldenburg WK 410
🍴	Schlosspark-Café Lütetsburg Landstr. 55 26524 Lütetsburg Tel.: 04931-1750 www.schlossparkcafe-luetetsburg.de
🏨	Romantik Hotel Reichshof Neuer Weg 53 26506 Norden Tel.: 04931-175232 www.reichshof-norden.de
i	Tourist-Information Norden Norddeich Dörper Weg 22 26506 Norden-Norddeich Tel.: 04931-986200 www.norddeich.de
✚	Tierarztpraxis Michael Hähner Schulstraße 26a 26506 Norden Tel.: 04931-16754 www.praxis-fuer-kleintiere-norden.de

TOUR
48

**Seeluft und Hafenpanorama –
von Greetsiel zum Badesee und zurück**

Laufen am Leyhörner Sieltief

Hundefreundlichkeit: **In Greetsiel wartet eine echte Entdeckung: Hier dürfen Hunde (an der Leine geführt) fast in jeden Bereich im Ort, am Deich und am Leyhörner Sieltief mitgenommen werden. Besonders wochentags ist die Tour sehr reizvoll: Dann begegnet man selbst während der Hochsaison auf weiten Teilen der Strecke am Wasser nur wenigen Menschen.**

Tour-Info	↔ 4,5 km	🕒 1,5 Std.	↕ 5 / 1m
Kategorie:	leicht		
Start-Ziel:	Greetsiel, Parkplatz an der Kurverwaltung		
GPS:	53°30'06.5"N 7°05'30.4"E		
Markierung:	keine Markierung		
Wegecharakteristik:	48 % Weg – 45 % Wanderweg – 7 % Nebenstraße		

Vom Parkplatz aus folgt man zunächst den Schildern in Richtung Kurverwaltung. Vor dem Schwimmbad „Oase" biegt man links auf die Straße „Zur Hauener Hooge" ab. An der nächsten Ecke geht es nach rechts und nach knapp 100 m erklimmt man die **1** Treppe zur Deichkrone, um anschließend – nach ein paar Metern geradeaus – wieder die Treppe nach unten zu nehmen. Auf der „Sielstraße" hält man sich links, folgt dem „Alten Deich" für 250 m und nimmt dann die Treppe rechts hinunter auf den gepflasterten Weg.

Das bunte Treiben am Hafen und die auf die Inseln fahrenden Ausflugsschiffe immer im Blick geht man 400 m weiter bis zur Wasserkante. Hier kann der Hund vor allem außerhalb der Saison – bzw. während der Saison an nicht ganz so sonnigen Wochentagen – nach Herzenslust seiner Nase folgen und durchs Seegras, Schilf und flache Uferböschung stromern. Geht man den Weg parallel zum Ufer des Leyhörner Sieltiefs weiter, erreicht man nach knapp einem halben km einen wunderbaren Platz, an dem Hunde zum **2** Baden

Schiffsmeldungen: Unterwegs auf dem Leyhörner Siel

ins Wasser gehen können. Die meisten Touristen bewegen sich weiter landeinwärts auf dem Hauptdeich; Hier unten sind in der Regel nur einige Fahrradfahrer unterwegs und natürlich auch der eine oder andere Hundehalter. Auf dem weiteren Weg entlang am Ufer gibt es zahlreiche kleinere „Badebuchten", an denen Hunde ins Wasser gehen können. Schön ist die **3** Picknick-Ecke mit Bank und Tisch – selbstverständlich auch mit Bademöglichkeit für Hunde. Besonders vormittags bieten sich von hier aus wegen des Lichteinfalls besonders schöne Fotomotive. Man folgt dem Weg weiter geradeaus durch Dünen und Seegras. Der Badeteich links des Weges ist explizit für Hunde **!** verboten. Nach knapp 1 km erreicht man den **4** Hauptdeich. Hier kann man die Tour nach rechts gehend enorm erweitern (siehe Tipp). Oder man hält sich links und nimmt 100 m weiter rechter Hand die Treppe nach unten zum Deichfuß. Unten angekommen folgt man der kleinen Straße „Zur Hauener Hooge" für ziemlich genau 1 km. Wenn man die zwei Pavillons der „Oase" und der Kurverwaltung sieht, hält man sich leicht rechts, geht am Spielplatz vorbei durch den Park und erreicht mit dem Parkplatz den Ausgangspunkt der Tour.

Tipp

Die Tour ist wunderbar um 13 km erweiterbar: Hinter dem Badesee verlässt man den Deich nicht nach links, sondern folgt ihm rechts weiter Richtung Westen. An der Schutzhütte geht man dann auf dem Deich weiter nach rechts, parallel zum Leysiel. Man folgt dem Weg um die Landspitze herum, geht am gegenüberliegenden Ufer wieder zurück und schwenkt gegenüber des Yachthafens über die Brücke, die den Störtebekerkanal überspannt. Unterwegs gibt es mehrere Bänke, um sich auszuruhen. Dann hält man sich rechts auf dem Deichweg, geht an der Slipstelle vorbei und kommt so zurück zum Sieltor am Markt. Von da sind es noch 100 m bis zum Parkplatz, dem Ausgangspunkt der Tour.

Info

🚌	Bus 421 bis „Greetsiel Ankerstraße"
🅿	Im Ortskern, Parkplatz „Zur Hauener Hooge"
🗺	Kompass-Wanderkarten Ostfriesland - Oldenburg WK 410
🍴	Captains Dinner Am Markt 4-6 26736 Greetsiel Tel.: 04926-369 www.captains-dinner.com
🏨	Romantik Hotel Reichshof Neuer Weg 53 26506 Norden Tel.: 04931-175232 www.reichshof-norden.de
ℹ	Touristik-GmbH Krummhörn-Greetsiel Zur Hauener Hooge 11 26736 Greetsiel Tel.: 04926-91880 www.greetsiel.de
✚	Tierarztpraxis Dr. med. vet. Gerhard Klüver Laugstroat 14 26736 Krummhörn Tel.: 04923-91090

südwestlichster Punkt Ostfrieslands – Ems-Panorama – menschenleere Hundebadewiese

Nichts los am Knockster Tief

Hundefreundlichkeit: Eine absolut hundefreundliche Kurztour. Auf der Wiese am Knockster Tief ist absolut nichts los. Hier hat man mit seinem Hund quasi einen exklusiven Ufer- und Wasserzugang. Vor allem an sehr warmen Tagen mit viel Betrieb in den Küstenbädern bietet dieser Ort eine angenehm frische und ruhige Alternative.

Tour-Info	↔ 3 km	⏱ 40 Min.	↕ 7 / 1 m
Kategorie:	leicht		
Start-Ziel:	Emden, Sperrwerk Knockster Tief		
GPS:	53°20'12.7"N 7°01'40.6"E		
Markierung:	keine Markierung		
Wegecharakteristik:	82 % Weg – 18 % Nebenstraße		

Vom kostenfreien Parkplatz am Schöpfwerk kann man zunächst über den Deich in Richtung Wasser gehen und die Ruhe auf sich wirken lassen, die dieser Ort ausstrahlt. Bis man den **1** Knock erreicht hat, müssen Hunde an der Leine geführt werden. Schilder weisen unmissverständlich darauf hin, dass man mit Hund nicht die Deiche betreten darf. Aber der Weg runter zum Knock ist mit Hunden erlaubt, weil man den Deich immerhin an der dafür vorgesehenen Stelle überqueren darf. Der Knock ist der westlichste Punkt Emdens und der südwestlichste Punkt der ostfriesischen Halbinsel. Unten am Wasser kann der Hund die Nase in die Ems stecken. Es besteht übrigens kein direkter Zugang vom Knockster Tief zur Ems, da es hier keine Schleuse gibt. Wenn man genug geschaut hat, geht man den Deich wieder hinauf und überquert die kleine Straße. Schräg gegenüber des Parkplatzes führt ein Weg zum Wasser. Hier können Hunde frei laufen und es gibt darüber hinaus viele ⏺ Stellen, an denen sie gefahrlos ins kühle Nass des Knockster Tief gehen können. Manchmal trifft man

TOUR 49

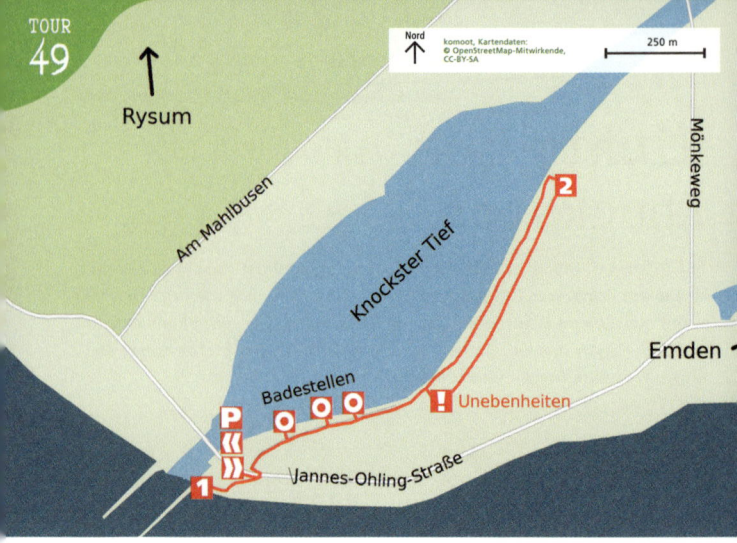

auf der Wiese einen Angler; meistens ist man jedoch mit seinem Hund ganz alleine unterwegs. Nach knapp anderthalb km geht es am Wasser nur noch schwerlich weiter, weil das Ufergebüsch immer dichter wird. Weitergehen nützt nichts, da es keinen Zugang zum 700 m entfernt verlaufenden „Mönkeweg" gibt. Wer trotzdem versucht, weiter zu gelangen, wird spätestens nach 100 m umkehren müssen, es sei denn, man nutzt eine Machete, um sich den Weg freizuschneiden. Am oberen Ende dieser Hundewiese weckt ein zugewuchertes 2 Denkmal die Aufmerksamkeit des Betrachters – es wird an die untergegangenen Ortschaften Bettewehr I (1590) und Bettewehr II (1720) erinnert. Hier lässt es sich gut aushalten und rasten. Hunde können frei umherlaufen und Wiese, Waldrand, Feldgebüsch ausgiebig erkunden. Keine Menschenseele und Hundenase weit und breit! Am oberen Rand der Wiese geht es dann für 600 m wieder zurück in Richtung der ersten Badestelle. Der Weg macht einen Linksknick und hier muss man aufpassen: Unter dem hohen Gras verstecken sich tiefe ! Unebenheiten, die einen unsanft zu Fall bringen können. Wieder am Wasser angekommen, hält man sich rechts und geht den Weg bis zum Parkplatz zurück. Für Hunde

Hintergrund

Bettewehr II wurde bei der Flut in der Nacht vom 31. Dezember 1720 auf den 1. Januar 1721 fast vollständig zerstört. Die Dorfbewohner hatten sich zum Schutz vor der Flut in die Dorfkirche gerettet. Als sie ein Feuer gegen die Kälte anzünden wollten, brannte die Kirche ab.

Nichts los am Knockster Tief

und Halter, die Ruhe und Abgeschiedenheit direkt an der Küste suchen, sicherlich die perfekte Kurz-Tour.

Hintergrund

In unmittelbarer Nähe dieser Tour liegt der Ort Rysum. Rysum ist ein „klassisches" Rundwarftendorf. Das bedeutet, dass es auf einem künstlich angelegten Hügel liegt. Die Dorfwarft liegt 6 m über dem Meeresspiegel und hat einen Durchmesser von knapp 400 m. Dieser „Hügel" diente lange vor dem Deichbau als einzig wirksamer Hochwasserschutz. Zeugnis dieser Zeit liefert auch der so genannte Zingel, ein eingedeichter Wiesenbereich, der an die Warft angrenzt. In ihn wurden früher bei Hochwasser die Tiere getrieben, um auch sie vor den Fluten zu schützen. Die Orgel in der Rysumer Kirche datiert auf das Jahr 1457 und gehört zu den vier ältesten noch spielbaren Orgeln der Welt. Die Orgel wurde von den Rysumer Bauern übrigens mit den zehn besten Rindern bezahlt. Wer mit dem Hund durch Rysum spazieren möchte, sollte das am Besten in der Woche machen. Dann sind weniger Busladungen voller Touristen im Ort unterwegs.

Info

- kein ÖPNV
- Parkplatz am Sperrwerk, Jannes-Ohling-Straße
- Kompass-Wanderkarten Ostfriesland - Oldenburg WK 410
- Gasthaus Am Markt
  Marktstraße 3
  26736 Krummhörn-Rysum
  Tel.: 04927-691
  www.gasthaus-am-markt.de
- Upstalsboom Parkhotel Emden
  Friedrich-Ebert-Straße 73-75
  26725 Emden
  Tel.: 04921-8280
  www.parkhotel-emden.de
- Touristik-GmbH
  Krummhörn-Greetsiel
  Zur Hauener Hooge 11
  26736 Greetsiel
  Tel.: 04926-91880
  www.greetsiel.de
- Kleintierpraxis
  Katja Harders-Harms
  Auricher Str. 141
  26721 Emden
  Tel.: 04921-994320
  www.tierarztpraxis-harders.de

TOUR 50

von Oldersum nach Gandersum zum Emssperrwerk – Baden im Kanal

Am Ems-Seitenkanal entlang

Hundefreundlichkeit: **Auf dieser Wanderung kann der Hund größtenteils frei laufen. Es gibt ausreichend Möglichkeiten zum Baden und Trinken. Wer den ersten Teil der Tour wasserseitig am Deich entlang laufen möchte, kann das machen, solange dort keine Schafe weiden. Wer Glück hat, kann sogar die Emspassage eines Kreuzfahrtschiffes von der Werft zum Meer bestaunen.**

Tour-Info	↔ 6,5 km	⏲ 1,5 Std.	↕ 1 / -4 m
Kategorie:	leicht		
Start-Ziel:	Gandersum, Ringschloot		
GPS:	53°19'28.8"N 7°20'02.5"E		
Markierung:	keine Markierung		
Wegecharakteristik:	35 % Wanderweg – 33 % Weg – 22 % Straße – 10 % Nebenstraße		

Am Parkplatz des Yachthafens überquert man den Deich am Yachthafen-Übergang und wandert dann am Deichfuß nach rechts in Richtung Westen für 1,8 km zum **1** Emssperrwerk in Gandersum. Bei „normalem" – also nicht touristisch-hochsommerlichem – Wetter, an einem Wochentag sollte man auf jeden Fall diese Route wählen. Denn dann kann man die Strecke fast für sich alleine genießen. Wenn hier viel touristischer Betrieb vorherrscht, geht man zunächst die kleine Straße parallel zum Deich.

Hinter dem Sperrwerk geht man vom Deich nach rechts zur Hauptstraße, an der man rechts und an der nächsten Abzweigung wieder links abbiegt. Auf dieser Straße wandert man für 1,1 km, bis man den **2** Ems-Seitenkanal erreicht. Wer über die Bahnschienen geht und dann nach rechts abbiegt, wird nach 1,2 km in einer Sackgasse enden: Hier kreuzt ein breiter Priel. Also lieber direkt hinter der Brücke (und vor den Bahnschienen) abbiegen und den schönen Uferweg genießen. Hier gibt es viele 🔴 Bademöglichkeiten für

TOUR 50

Am Ems-Seitenkanal gibt es viele Bademöglichkeiten für Hunde

Gute Idee bei schlechtem Wetter: Unterstand am Ems-Seitenkanal

Vierbeiner. Teilweise sind sie recht gut zugänglich, manchmal ist eine Spürnase und Entdeckerdrang gefragt, um sich den Weg ins kühle Nass zu bahnen. Man folgt dem Uferweg für 2,5 km. Dann hat man den Ortskern von Oldersum erreicht. An der Brücke über die Alte Maar biegt man rechts ab und folgt dem Bürgersteig der Straße für 200 m. Kurz hinter der Brücke, die über den Ems-Seitenkanal führt, geht man links in die kleine Straße „Ringschloot" und kommt nach 150 m wieder am Auto an.

Hintergrund

Das Emssperrwerk wurde in den Jahren 1998–2002 zwischen den Ortschaften Gandersum am Nord- und Nendorp am Südufer der Ems errichtet. Um der Meyer Werft in Papenburg einen verlässlichen Weg zur Nordsee für ihren Großschiffsbau (insbesondere Passagierschiffe) bereitzustellen, bietet das Emssperrwerk die Möglichkeit, die Ems zur Überführung von Schiffen mit einem Tiefgang bis 8,5 m anzustauen.

Info

- 🚌 Bus 621 bis „Oldersum B70"
- 🅿️ Gandersum/Oldersum, Parkplatz am Yachthafen
- 🗺️ Kompass-Wanderkarten Ostfriesland - Oldenburg WK 410
- 🍴 Landhaus Oltmanns
  Wankelstraße 2-4
  26802 Mommerland
  Tel.: 04954-94050
  www.landhaus-oltmanns.de
- 🛏️ Hotel am Fischerhafen
  Am Tief 1
  26844 Jemgum-Ditzum
  Tel.: 04902-989990
  www.hotel-am-fischerhafen.de
- ℹ️ Tourist-Information Moormerland
  Dr.-Warsing-Straße 79
  26802 Moormerland
  Tel.: 04954 -37871
  www.mommerland-tourismus.de
- ➕ Ludwig Koch
  Praktischer Tierarzt
  Tergaster Straße 13
  26802 Moormerland-Oldersum
  Tel.: 04924-390

TOUR
51

schwimmen – Picknick – Kunst im offenen Raum

Über das Wymeerer Sieltief nach Holland

Hundefreundlichkeit: **Auf den ersten gut 5 km der Tour kann sich der Hund nach Herzenslust austoben. Vor allem außerhalb der Sommermonate ist die Tour hundefreundlich. Dann weiden keine Schafe auf dem Deich und man kann auch den Rest der Tour entspannt auf der Deichkrone entlang wandern. Während der Weidezeit ist der Deich eingezäunt. Hunde und Schafe kommen sich also auch dann nicht ins Gehege. Sehr schön ist die doppelte Bademöglichkeit: Zu Beginn und am Ende der Tour gibt es eine gepflegte, großzügige Wiese mit seichtem Wasserzugang. Hier kann der Hund genügend trinken: Das Wasser ist sauber und nicht salzig.**

Tour-Info	↔ 8,5 km	🕐 2 Std.	↕ 1 / -2 m
Kategorie:	leicht		
Start-Ziel:	26831 Bunde, Kanalpolder 90, Abzweig vorm Deichdurchbruch		
GPS:	53°13'39.3"N 7°12'59.9"E		
Markierung:	keine Markierung		
Wegecharakteristik:	69 % Straße – 13 % Wanderweg – 13 % Nebenstraße – 5 % Weg		

Die Tour startet entspannt und mit viel spannendem Grün rechts und links am Wegesrand. Für gut 700 m folgt man diesem Wirtschaftsweg. Durch ein Tor erreicht man das Gelände des Wymeerer Siels. Hier halten sich viele holländische Touristen auf, die dem Wechsel der Gezeiten gemütlich von den bereitstehenden Bänken zuschauen. Also schnell weiter, den Trubel (vor allem bei Sonnenschein) hinter sich lassen, den Hügel hinab und nach weiteren 300 m über die sehr gepflegte Wiese direkt an den **1** Boezemkanaal. Hier kann sich der Hund im Wasser austoben, etwas trinken, seine aus Stöcken und Ästen bestehende Beute aus dem Wasser retten und auf der Wiese in Ruhe bearbeiten. Wer jetzt

TOUR 51

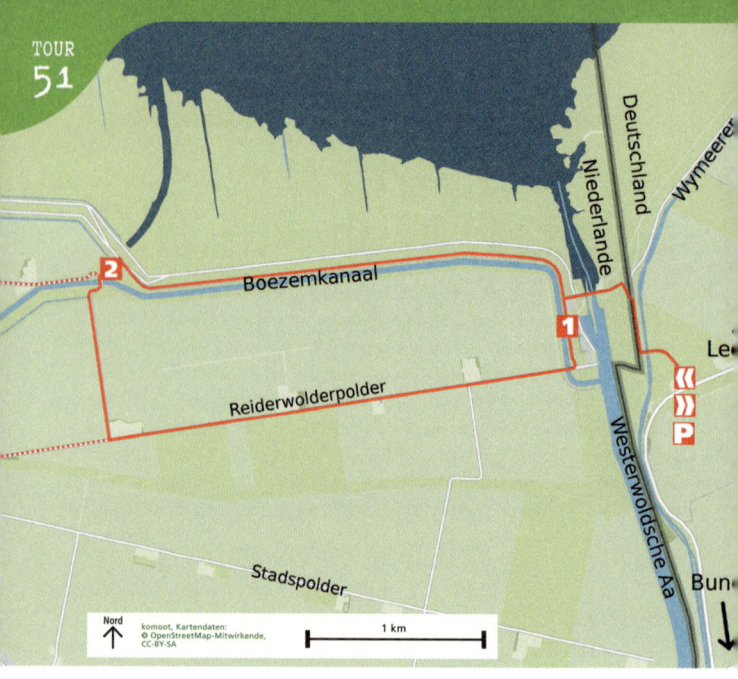

noch keine Lust auf ein Picknick hat, geht weiter für 500 m Richtung Süden zur Brücke. Hier entert man die kleine Straße und folgt ihr für entspannte 2,5 km. Anschließend nach rechts in Richtung Deich abbiegen und man erreicht nach 1 km den 2 „Hungrigen Wolf", eine überdimensionale Kunstinstallation. Oder man entscheidet sich fürs „Klotzen" und nicht fürs „Kleckern" und wandert das Wirtschaftssträßchen für 3 km weiter Richtung Westen und biegt nach dem Überqueren des Hoofdkanaals auf die Straße „Hongerige Wolf" rechts ab. Die Entscheidung, ob man die kurze oder die lange Route wählt, sollte man auch vom Wind abhängig machen, der ganz schön kräftig von vorne pusten kann. Nach gut 2 km erreicht man dann den „Carel Coenraadpolder", dem man für 2,7 km am Deich in Richtung Osten zur 2 Kunstinstallation folgt. Ganz gleich, wie man es anstellt: An der aus mehreren großen Eisenstelen bestehenden Skulptur überquert man den Boezemkanaal und hält sich a) rechts, wenn man auf dem Deich Schafe sieht oder b) geradeaus und dann auf den Deich rauf, wenn keine Schafe auf dem Deich weiden. Die wenigen Spaziergänger und Radfahrer, die uns entgegenkamen bzw. überholten, haben keine Notiz von uns genommen. Holländer sind

Kunst am Deich: „Hungriger Wolf" vom niederländischen Künstler Arie Berkulin

eben freundliche und entspannte Menschen. Nach gut 2,5 km kommt man wieder an der Badewiese an, die jetzt eine perfekte Möglichkeit für Hund und Halter bietet, sich im Kanal abzukühlen (Hund) oder in die Sonne zu legen (Halter). Wenn sich alle ausgeruht haben, geht es über das Siel hinweg wieder zurück zum Auto.

Hintergrund

Das Siel, über das diese Tour führt, ist ein verschließbarer Gewässerdurchlass im Deich. Bei Flut schließen sich die seeseitig angeordneten Tore automatisch durch den Druck des von See auflaufenden Wassers. Wenn die Ebbe einsetzt und das Wasser auf der Seeseite zurückgeht, öffnen sich die Tore wieder durch den steigenden Innendruck. Früher haben sich um die Siele die sogenannten „Sielachten" gekümmert. Noch heute erfolgt zweimal im Jahr die „Sielschau". Wenn keine Mängel am Siel festgestellt werden, wird das Siel für „schaufrei" erklärt.

Info

🅗	kein ÖPNV
🅟	Hier kann das Auto problemlos am Straßenrand abgestellt werden.
🗺	Kompass-Fahrradkarten Deutschland Ostfriesland - Ammerland - Papenburg Fk 3032
🍴	Gaststätte „Zur Linde" Weenerstraße 29 26831 Bunde Tel.: 04953-244 ab 16:30 Uhr geöffnet (mittwochs Ruhetag)
🛏	Hotel Restaurant Café „Am Markt" Mühlenstraße 36-38 26789 Leer Tel.: 0491-9992630 www.hotel-cafe-am-markt.de
ℹ	Verkehrsbüro Bunde Kirchring 2 26831 Bunde Tel.: 04953-80947 www.gemeinde-bunde.de
✚	Tierarztpraxis Steinbach Gutenbergstraße 1 26789 Leer Tel.: 0170-4879010 www.tierarzt-leer.de

Impressum

Bibliografische Informationen der
Deutschen Nationalbibliothek
Die Deutsche Nationalbibliothek
verzeichnet diese Publikation in der
Deutschen Nationalbibliografie;
detaillierte bibliografische Daten
sind im Internet über http://dnb.d-nb.de abrufbar.

ISBN: 978-3-95693-016-1

Grafisches Gesamtkonzept,
Titelgestaltung, Satz und Layout:
Stefan Berndt – www.fototypo.de

© Copyright: FRED & OTTO –
der Hundeverlag / 2015
aktuelle Auflage 2022
www.fredundotto.de

Alle Rechte, auch die des Nachdrucks
von Auszügen, der fotomechanischen und digitalen Wiedergabe und
der Übersetzung, vorbehalten.

Illustration: Leandro Alzate
(www.leandroalzate.com)

Trotz intensiver Recherchen können
sich Telefonnummern etc. und Details, selbst Wege verändern. Wir
freuen uns deshalb, wenn Sie uns
Verbesserungsvorschläge schicken.
Alle Angaben sind ohne Gewähr.

Abbildungsnachweis

alle Abbildungen Holger Wetzel

 Finde uns auf Facebook unter www.facebook.com/fredundotto

Mehr unter
www.fredundotto.de

Mehr unter
www.fredundotto.de